DIARIO
DE
MANIFESTACIÓN

DIARIO
DE
MANIFESTACIÓN

carlotydes

Papel certificado por el Forest Stewardship Council®

Primera edición: octubre de 2023

© 2023, Carlota Santos (@carlotydes)
© 2023, Penguin Random House Grupo Editorial, S. A. U.,
Travessera de Gràcia, 47-49. 08021 Barcelona

Diseño de la cubierta y del interior: Carlota Santos (@carlotydes)

Printed in Spain – Impreso en España

ISBN: 978-84-666-7653-3
Depósito legal: B-13.799-2023

Compuesto en La Nueva Edimac, S. L.

Impreso en Índice, S. L.
Barcelona

BS 7 6 5 3 3

Dedicado a:

Todas las personas que quieren crear
un cambio y creen en la magia.

«La magia es creer
en ti mismo.
Si puedes hacer eso,
puedes hacer
que todo suceda».

Goethe

Este diario de manifestación no hará que las cosas sucedan sin esfuerzo. Aun así, sí hay magia en él y puede ser una herramienta muy poderosa.

Usa este diario como guía para cambiar tus hábitos, tu vida y ser más consciente y feliz.

Índice

1
Los fundamentos

¿Qué es «manifestar» y la «ley de la atracción»?

Manifestación:

«Manifestar es el proceso mediante el cual cualquier cosa que estaba en tu imaginación llega a formar parte de tu realidad física».

Ley de la atracción:

«Creencia que se fundamenta en que la energía que emitimos atraerá una energía similar».

¿Por qué comenzar el diario de manifestación?

1. Contribuye a tu bienestar

Se trata de un hábito beneficioso, ya que te permitirá profundizar y bucear en ti misma.

2. Está basado en la psicología moderna

La manifestación está basada en la ley de la atracción. Está demostrado que seguir una organización de objetivos y dedicar unos minutos al día para reflexionar es algo positivo para nuestra mente y nuestro cuerpo.

3. Es mágico

Aunque tiene su base en la ley de la atracción y la psicología moderna, también incorpora elementos tradicionalmente mágicos, como la influencia de las fases de la luna y otras herramientas.

4. Es un bonito recuerdo

Se trata de un recuerdo de ti para ti, un testigo de tu evolución a lo largo de una etapa de tu vida. Cuando releas lo que escribiste hace unos años, sentirás muchas emociones relativas a la persona que eras.

5. Es fácil de seguir

El diario de manifestación es un recurso para aquellas personas que no están acostumbradas a escribir un diario convencional. Solo ocupará unos pocos minutos de tu día, por lo que se trata de una guía para que des pasos muy simples y sencillos con el fin de convertirte en tu mejor versión.

*¿A qué esperas para descubrir
todo el poder que hay en ti?*

¿Cómo funciona el diario de manifestación?

Tanto la manifestación como la ley de la atracción son herramientas muy poderosas. Consisten, básicamente, en confiar en nuestra fuerza interior y entender que la energía que emitimos nos es devuelta. Cómo nos perciben los demás, lo que nos gustaría conseguir y, sobre todo, cómo nos queremos sentir son temas que podemos desarrollar con ellas.

¿Te suena muy abstracto? En este diario te ofrezco una guía para que sea mucho más sencillo. Cada día deberás dedicar alrededor de cinco minutos para rellenar una de las actividades que te propongo. Serán como máximo unas pocas líneas por página para ir construyendo la vida que deseas y sacar la mejor versión de ti.

Lo primero que tienes que saber es cuándo es la próxima luna nueva. Bastará con una búsqueda rápida en Google. Este será el «día 1» de los 29 que tiene el ciclo lunar, como verás más adelante. A partir de ahí, completa la página del día según se indique. Puedes apuntar la fecha en la esquina superior del diario para que te resulte más sencillo. Si un día te lo saltas, no hay problema; puedes seguir completando el diario de manifestación con normalidad, pero lo ideal es adquirir este pequeño compromiso diario e incorporarlo a tu rutina. Como hemos dicho, no te llevará más de cinco minutos al día. El diario contiene plantillas de 29 días para cada una de las 13 lunas del año.

Al final del diario encontrarás otras herramientas complementarias para usar en momentos puntuales.

Manifestación lunar

Se trata de un método de manifestación basado en la energía lunar y en los momentos que tradicionalmente se consideran más propicios para realizar unas u otras acciones.

Cada ciclo de manifestación será de 29 días y 29 páginas. Se trata de comenzar a escribir en luna nueva en una de las hojas propuestas para el día siguiendo el orden que se indica. Antes que nada, veremos la teoría, donde te cuento qué debes conocer sobre las fases lunares y las lunas del año. Lo primero que tienes que hacer es buscar cuándo es la siguiente luna nueva y entonces será el momento de ponerte manos a la obra y comenzar el diario de manifestación lunar al completar una página al día.

Existen muchos métodos de manifestación, pero para mí este es el más efectivo, y el hecho de que esté relacionado con la luna lo une a la tradición mágica.

En las próximas páginas te explicaré todo lo relacionado con las fases lunares y la energía que se suele vincular a cada una de ellas. Una vez vista la teoría, podrás empezar tu diario. Recuerda, de todas formas, que puedes consultar esta parte siempre que lo necesites. Además, si quieres profundizar sobre este astro tan fascinante, puedes hacerlo en mis libros *Constelaciones* y *Mágicas*. No obstante, aquí, en *Diario de manifestación*, tienes toda la información necesaria para comenzar a trabajar.

«Un poco
de magia
te puede llevar
muy lejos».

Roald Dahl

2
La teoría

Fases lunares

La luna tiene ocho fases: la primera es la luna nueva, cuando el astro no es perceptible a la vista, y la última es la luna llena, la más energética. Cada ciclo lunar tiene en torno a 29 días y cada fase tiene una energía asociada que vamos a emplear para manifestar.

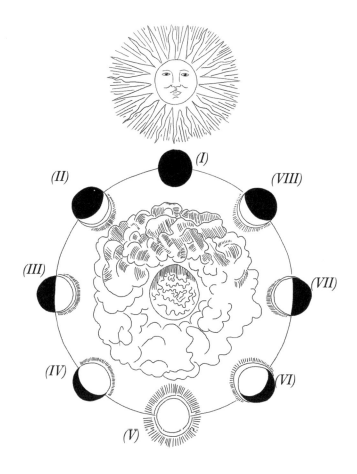

(I) Luna nueva. (II) Creciente. (III) Cuarto creciente. (IV) Gibosa creciente. (V) Luna llena. (VI) Gibosa menguante. (VII) Cuarto menguante. (VIII) Menguante.

(I). Luna nueva

Se trata de la primera fase, cuando la luna no cuenta con su usual brillo. Se asocia con los nuevos comienzos, por lo que estableceremos nuestras intenciones, manifestaremos una actitud de agradecimiento y estaremos dispuestos a recibir. Más tarde, tomaremos acción de acuerdo con nuestras intenciones y usaremos las plantillas para rellenar que encontrarás más adelante. Comienza tu diario lunar en esta fase.

 # *(II). Creciente*

En la segunda fase lunar (aproximadamente tres días y medio después de la luna nueva), debemos dedicarnos a la introspección y explorarnos para conseguir las cosas que queremos. Aún no es momento de obtener resultados rápidos, sino de indagar en nosotras mismas y mantenernos concentradas en nuestro objetivo, dispuestas a recibir del universo.

 # *(III). Cuarto creciente*

Tres días y medio después o siete días más tarde de la luna nueva, tenemos la mitad de la luna iluminada. Es momento de ponernos a trabajar más en el plano material que en el ideal. Debes hacer balance de qué herramientas te funcionan y cuáles no tanto, y esforzarte más en conseguir tus objetivos.

(IV). Gibosa creciente

Esta se caracteriza, en la mayoría de los casos, por un aumento de nuestra sensibilidad. Si has estado trabajando correctamente la energía de la luna, llegados a este punto puedes sentir que tus emociones son más intensas o sentirte más desbordada. En vez de rechazarlas o retraerte, debes darles un lugar, sentirlas en toda su plenitud. También puedes hacer una pausa para reevaluar tus planes y redirigir tus objetivos.

(V). Luna llena

Y, por fin, llega el culmen del ciclo lunar. Es el momento más intenso a nivel emocional y por eso podemos sentirnos un poco sobrepasadas en este sentido. Lo más importante será saber qué debemos dejar ir y soltar aquello que no nos beneficia para seguir el camino más ligeros de equipaje y con las ideas y objetivos claros. También es el momento propicio para hacer rituales de manifestación.

(VI). Gibosa menguante

La fase de gibosa menguante supone el momento en el que la luna comienza a percibirse más pequeña. Sucede en torno al tercer día desde que está llena. En este momento la energía es más lenta y deberemos cuidarnos, darnos mimos y, aunque la sintamos más densa, seguir poco a poco con nuestra rutina y aceptar que los procesos no tienen una trayectoria lineal.

(VII). Cuarto menguante

El cuarto menguante se trata del punto medio entre la luna llena y la próxima luna nueva. Se produce con siete días de separación entre cada una. En este momento es muy importante evaluar qué temas debemos descartar y qué líneas de acción no nos hacen bien ni nos han ayudado a mejorar la técnica y aprender de los errores. Reorganizarnos y posicionarnos fuertes tras nuestro objetivo es la clave en esta recta final.

(VIII). Menguante

Tres días y medio después, se considera que la luna está menguante; apenas es visible en el cielo, pues se aproxima la siguiente luna nueva. Aquí la clave es expresarte gratitud a ti misma por todo el trabajo realizado, recompensarte por aquellos objetivos conseguidos y poner la vista en aquellos que aún están por lograr. Revisar todo el proceso que ha quedado por escrito en este diario es muy recomendable en esta fase.

Las lunas del año

Cada luna llena del año tiene su nombre. Puede variar de un lugar a otro del planeta, pero estos son los más frecuentes. Los temas para manifestar son completamente libres en cada una y, de hecho, nos podemos llevar los que quedan por cumplir al siguiente ciclo. Sin embargo, también puedes seguir los propuestos aquí que tienen que ver con la temporada astrológica concreta.

Enero, luna de hielo
Buen momento para manifestar cuestiones relacionadas con los comienzos, la economía y el trabajo.

Febrero, luna de nieve
Purificación, innovación, redes sociales. Perfecta para manifestar que un proyecto se haga conocido, especialmente si va a ser compartido en redes sociales. Tiene que ver con la comunicación o con algo innovador.

Marzo, luna de gusano
Espiritualidad, creatividad, arte, prosperidad. Se relaciona con cuestiones relacionadas con la abundancia, conectar con nuestro lado espiritual o ser más creativos.

Abril, luna rosa
Crecimiento, deporte, actividad física, iniciativa. Idónea para salir de la zona de confort, tener más autoestima o amor propio. También para comenzar a cuidar más el cuerpo.

Mayo, luna de flores

Gran momento para manifestar amor, una relación de pareja e incluso una más sana con nosotras mismas también.

Junio, luna de fresa

Buena época para manifestar abundancia en todos los sentidos, así como un buen círculo social, sentirnos más abiertas y sociables.

Julio, luna del trueno

Se tratan sobre todo temas relacionados con la fuerza, con la creación de una familia u hogar, la adquisición de inmuebles o el sentimiento de sentirse arropado y querido.

Agosto, luna del heno

Abordaremos temas vinculados con el crecimiento, la evolución personal y el priorizarnos a nosotras mismas.

Septiembre, luna de la cosecha

Intentaremos manifestar cuestiones referidas a nuestro ambiente más cercano, así como la rutina, el estudio y los objetivos académicos.

Octubre, luna del cazador

Las manifestaciones este mes pueden girar en torno a temas que tienen que ver con nuestros ancestros, también con obtener mayor equilibrio y armonía en nuestras vidas. Asimismo, el atractivo y la belleza pueden ser cuestiones importantes.

Noviembre, luna helada

Podemos trabajar aspectos relacionados con la sanación y la protección, con asuntos trascendentes como superar una pérdida, etapa o ruptura.

Diciembre, luna fría

En esta última luna llena del año podemos profundizar en superar nuestros límites y expandir nuestra vida, estar más dispuestos a relacionarnos, viajar y aprender.

3
El diario lunar

Aquí comienzas a escribir tú. A partir de la siguiente página puedes comenzar a manifestar cualquier tema que desees según el esquema del diario. Solo deberás seguir cada día las indicaciones de la plantilla.

Día 1: Luna nueva

Fíjate en tus metas en los próximos 28 días en conjunto.
¿Qué te gustaría manifestar en este tiempo? Escríbelo en presente, como si ya lo hubieras conseguido.

_____
_____
_____
_____
_____
_____
_____

¿Qué cinco acciones principales puedes seguir para lograrlo?

1. _____
2. _____
3. _____
4. _____
5. _____

¿Cómo vas a premiarte cuando lo consigas?

_____
_____
_____

Fecha: ___/___/_____

Día 2

De las metas que definiste ayer, ¿cuál te parece más importante hoy y por qué?

META MÁS IMPORTANTE

_____

_____

Mi verdadero propósito para este ciclo lunar, por lo tanto, es:

_____

_____

_____

_____

_____

Sintetízalo en una palabra (con letra grande y bonita).

Día 3

¿Cómo sientes tu energía hoy?

Inquieta   *Tranquila*

0 ⬤⬤⬤⬤⬤⬤⬤⬤⬤⬤ 10

Racional   *Emocional*

0 ⬤⬤⬤⬤⬤⬤⬤⬤⬤⬤ 10

Desmotivada   *Motivada*

0 ⬤⬤⬤⬤⬤⬤⬤⬤⬤⬤ 10

Imagina que ya conseguiste tu objetivo. ¿Cómo te sientes al respecto? Sé clara.

_____

_____

_____

_____

_____

_____

_____

_____

_____

Fecha: ___/___/_____

Día 4: Creciente

¿Por qué has elegido precisamente este objetivo para este ciclo lunar?

_____

_____

_____

_____

_____

_____

_____

_____

_____

_____

_____

_____

_____

_____

_____

_____

_____

_____

_____

_____

_____

_____

_____

_____

Día 5

Una vez conseguido y manifestado tu deseo, ¿lo emplearías para ayudar a los demás?

_____

_____

_____

_____

_____

_____

Apunta cinco causas por las que crees que estarías contribuyendo a crear un mundo mejor una vez logrado tu objetivo.

1. _____

2. _____

3. _____

4. _____

5. _____

¿Cuál crees que es más importante?

Fecha: ___/___/_____

Día 6

Hoy es un día para dar gracias. Agradece aquello que ya tengas en la vida, sea grande o pequeño.

_____
_____
_____
_____
_____
_____
_____
_____
_____

Agradece también por lo que quieres manifestar como si ya lo tuvieras, en presente. Descríbelo de la manera más detallada posible.

_____
_____
_____
_____
_____
_____
_____
_____
_____
_____

Día 7

Hoy trataremos de centrar nuestra energía y conectar con nosotras mismas. Se puede hacer de muchas formas (rezando, meditando, usando alguna herramienta...). Yo te propongo el tarot.* Piensa en algo que te bloquee y escribe las respuestas sin darles muchas vueltas y de manera intuitiva.

1. _____
2. _____
3. _____
4. _____
5. _____

Escribe qué crees que significa la información que acabas de anotar. Puedes volver en unos días a revisarlo y sacar nuevas conclusiones.

_____
_____
_____
_____
_____
_____
_____

* Si quieres saber más sobre tarot, en mi libro *Mágicas* encontrarás una guía para iniciarte. Si utilizas esta herramienta, puedes sacar una carta para responder cada pregunta.

Fecha: ___ / ___ / _____

Día 8: Cuarto creciente

¿Cómo sientes tu energía hoy?

1. _____
2. _____
3. _____
4. _____
5. _____

Identifica un obstáculo que te esté impidiendo llegar adonde quieres. Sintetízalo.

¿Qué acción (aunque sea pequeña) podrías tomar para vencer este obstáculo? Escríbela y simplemente actúa.

_____
_____
_____
_____
_____
_____

Día 9

¿Cómo sientes tu energía hoy?

_____

_____

_____

_____

Pensemos en el pequeño paso dado ayer.

¿Cómo te sentías antes de hacerlo?

_____

_____

_____

¿Cómo te sentiste después?

_____

_____

_____

Repite el mismo proceso de ayer con una acción nueva, aunque sea pequeña.

_____

_____

_____

Fecha: ___/___/_____

Día 10

Piensa en el pequeño paso de ayer y antes de ayer. Repite el proceso, pero prueba suerte y piensa en algo más fuera de tu zona de confort (por ejemplo, escribe a esa revista que te gusta explicándoles tu proyecto, aunque parezca imposible que te contesten).

¿Cómo te sentías antes de hacerlo?

_____
_____
_____
_____

¿Cómo te sentiste después?

_____
_____
_____
_____

¿Qué diferencia has notado entre un paso pequeño y este, menos apegado a la realidad?

_____
_____
_____
_____

Día 11: Gibosa creciente

¿Cómo andas de energía hoy?

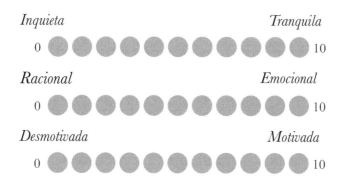

Inquieta   Tranquila
0 ●●●●●●●●●● 10

Racional   Emocional
0 ●●●●●●●●●● 10

Desmotivada   Motivada
0 ●●●●●●●●●● 10

Desde que empezaste, ¿ha habido algún cambio en tu energía y tu ánimo?

_____

_____

_____

¿Qué acciones de estos días te han hecho sentir bien?

_____

_____

_____

¿Qué acciones de estos días te han hecho sentir peor o nada en especial?

_____

_____

_____

Fecha: ___/___/_____

Día 12

¿Has notado si alguno de los cambios, acciones o reflexiones ha tenido algún efecto en tu proceso de manifestación?

_____

_____

_____

_____

_____

¿Sientes que en estos días has malgastado tiempo en algún asunto?

_____

_____

_____

¿Qué acción te ha sido más útil y por qué?

_____

_____

_____

Día 13

Estamos casi a la mitad del ciclo lunar. ¿Crees que tu manifestación se está comenzando a cumplir? Rodea la respuesta.

En cualquier caso, ¿por qué crees que es así? Da una respuesta detallada.

_____

_____

_____

_____

_____

_____

_____

_____

_____

_____

_____

_____

_____

_____

41

Fecha: ___/ ___/ _____

 *Día 14*

Pide a tus personas más cercanas que te digan tres cualidades positivas sobre ti. Haz una lista a continuación.

_____   _____
_____   _____
_____   _____
_____   _____
_____   _____
_____   _____
_____   _____
_____   _____

¿Cuál es la más repetida?

_____
_____

¿Estás de acuerdo? ¿Por qué?

_____
_____
_____
_____

Día 15: Luna llena

Hoy haremos un ritual de luna llena para potenciar que nuestra manifestación se haga realidad. Apunta en un papel amarillo o dorado (y aquí en este recuadro, para que puedas recordarlo si quieres) la síntesis de tu manifestación.

Por la noche, enciende con una cerilla una vela blanca en un lugar con ventilación suficiente y quema el papelito mientras visualizas cómo el humo asciende y tu manifestación se entrega al universo. Luego, cierra los ojos e intenta centrarte en tu respiración, pensando en tu objetivo. ¿Cómo te sientes?

_____
_____
_____
_____
_____
_____

<center>~~~~ *Día 16* ~~~~</center>

¿Mantienes algún sentimiento de rencor, culpa o de otro tipo que sientas que te está frenando? Escribe cómo crees que puedes dar un paso para dejarlo atrás.

_____

_____

_____

_____

_____

¿Qué necesitas perdonar?

_____

_____

_____

_____

_____

¿Qué necesitas perdonarte?

_____

_____

_____

_____

Fecha: ___/___/_____

Día 17

¿Cuáles son las cuatro emociones principales que estás sintiendo estos días?

1. _____
2. _____
3. _____
4. _____

¿Qué estás aprendiendo de esas emociones?

_____
_____
_____
_____
_____
_____

Expresa tu agradecimiento por lo que estás aprendiendo de ti misma.

_____
_____
_____
_____
_____
_____

45

Fecha: ___/___/_____

Día 18

Piensa en tu objetivo de manifestación. ¿Ha cambiado tu visión sobre él? ¿En qué?

_____

_____

_____

_____

_____

_____

_____

_____

Si ha cambiado algo en tu deseo, es momento de dejarlo ir y dar las gracias por lo aprendido, para dejar espacio a las cosas que están alineadas contigo en este momento. Reflexiona qué cosa o cosas están menos alineadas contigo ahora.

_____

_____

_____

_____

_____

_____

_____

Día 19: *Gibosa menguante*

Recorta, dibuja o escribe fragmentos sobre cómo te gustaría verte en el futuro, después de desprenderte de lo que no te sirve, con este nuevo enfoque. La idea es expresarte de forma artística al respecto empleando elementos que ya formen parte de ti y añadiendo otros nuevos.

Día 20

¿Qué consejo fundamental darías a una amiga de lo que has aprendido en este ciclo hasta ahora? Resúmelo en una palabra y, después, explícalo.

_____

_____

_____

_____

_____

_____

_____

_____

_____

_____

_____

_____

_____

_____

Día 21

Dedica unos minutos a analizar cómo te sientes, a expresar tus emociones. Conecta con tu energía. Explícate.

_____
_____
_____
_____
_____
_____
_____
_____
_____
_____
_____
_____

Piensa en alguien (o algo) que esté en tu vida y te haga feliz. Escribe su nombre.

Fecha: ___/___/_____

Día 22: Cuarto menguante

¿Qué comportamientos nocivos has tenido últimamente que no te han dejado avanzar?

_____
_____
_____
_____
_____
_____
_____

¿Cómo crees que podrías dejar de hacerlo? Piensa en un gesto pequeño que haga que te alejes de ese comportamiento. Escribe tu estrategia y ponla en práctica.

_____
_____
_____
_____
_____
_____
_____
_____

Día 23

¿Qué emociones sentiste ayer al analizar tus comportamientos nocivos?

_____

_____

_____

_____

_____

_____

_____

_____

Respira. Imagina que esos comportamientos ya no forman parte de ti. Enciende una vela blanca. Después, registra cómo te sientes.

_____

_____

_____

_____

_____

_____

_____

_____

_____

Fecha: ___/___/_____

Día 24

Desde la luna llena, ¿a qué retos te has enfrentado?

_____
_____
_____
_____
_____
_____
_____
_____
_____

¿Qué has aprendido de ellos?

_____
_____
_____
_____
_____
_____
_____
_____
_____
_____
_____

Día 25

¿Cómo te sientes hoy?

_____
_____
_____
_____
_____
_____
_____
_____
_____

Haz una lista de los motivos por los que estés agradecida y que ya estén en tu vida.

_____   _____
_____   _____
_____   _____
_____   _____
_____   _____
_____   _____
_____   _____
_____   _____

Día 26: Menguante

Haz una lista de cosas que te gustan, de autocuidados para mimarte.

1. _____
2. _____
3. _____
4. _____
5. _____
6. _____
7. _____
8. _____

Elige un elemento de la lista y hazlo hoy.

¿Cómo te sentías antes de hacerlo?

_____

_____

_____

_____

¿Cómo te sientes después de hacerlo?

_____

_____

_____

_____

Día 27

Hoy vamos a conectar con el subconsciente. Puedes rezar, meditar o usar otra herramienta. Yo te propongo el tarot.* Pregúntate: ¿cómo puedo estar bien, tener abundancia?

Apunta tres ideas que te vengan a la mente encima de cada dibujo del reverso de la carta y luego trata de desarrollarlas.

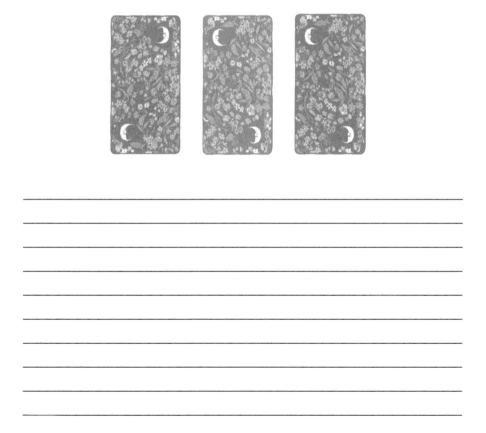

_____
_____
_____
_____
_____
_____
_____
_____
_____
_____

* Si quieres aprender más sobre tarot, te aconsejo mi libro ilustrado *Mágicas*. En este caso, puedes sacar una carta por idea y ver qué mensaje te traen los arcanos.

Fecha: ___/___/_____

Día 28

¿Has sentido qué nuevos deseos han surgido en este ciclo lunar? ¿Cuáles?

_____

_____

_____

_____

_____

_____

_____

_____

_____

¿Qué deseos te gustaría llevarte al ciclo lunar nuevo para seguir trabajando en ellos?

_____

_____

_____

_____

_____

_____

_____

_____

_____

Día 29

Es el día de expresarte con libertad, justo antes de la luna nueva. Descansa, medita, reflexiona… Dispones del siguiente espacio para expresarte a tu aire, ya sea escribiendo, dibujando, garabateando… Sigue tu instinto.

Día 1: Luna nueva

Fíjate en tus metas en los próximos 28 días en conjunto.
¿Qué te gustaría manifestar en este tiempo? Escríbelo en presente, como si ya lo hubieras conseguido.

_____

_____

_____

_____

_____

_____

_____

¿Qué cinco acciones principales puedes seguir para lograrlo?

1. _____
2. _____
3. _____
4. _____
5. _____

¿Cómo vas a premiarte cuando lo consigas?

_____

_____

_____

Fecha: ___/___/_____

Día 2

De las metas que definiste ayer, ¿cuál te parece más importante hoy y por qué?

META MÁS IMPORTANTE

_____

_____

Mi verdadero propósito para este ciclo lunar, por lo tanto, es:

_____

_____

_____

_____

_____

_____

Sintetízalo en una palabra (con letra grande y bonita).

Día 3

¿Cómo sientes tu energía hoy?

Inquieta   *Tranquila*

0 ●●●●●●●●●● 10

Racional   *Emocional*

0 ●●●●●●●●●● 10

Desmotivada   *Motivada*

0 ●●●●●●●●●● 10

Imagina que ya conseguiste tu objetivo. ¿Cómo te sientes al respecto? Sé clara.

_____
_____
_____
_____
_____
_____
_____
_____
_____

Fecha: ___/___/_____

Día 4: Creciente

¿Por qué has elegido precisamente este objetivo para este ciclo lunar?

_____

_____

_____

_____

_____

_____

_____

_____

_____

_____

_____

_____

_____

_____

_____

_____

_____

_____

_____

_____

_____

_____

_____

Día 5

Una vez conseguido y manifestado tu deseo, ¿lo emplearías para ayudar a los demás?

_____
_____
_____
_____
_____
_____

Apunta cinco causas por las que crees que estarías contribuyendo a crear un mundo mejor una vez logrado tu objetivo.

1. _____
2. _____
3. _____
4. _____
5. _____

¿Cuál crees que es más importante?

Fecha: ___ / ___ / _____

Día 6

Hoy es un día para dar gracias. Agradece aquello que ya tengas en la vida, sea grande o pequeño.

_____
_____
_____
_____
_____
_____
_____
_____

Agradece también por lo que quieres manifestar como si ya lo tuvieras, en presente. Descríbelo de la manera más detallada posible.

_____
_____
_____
_____
_____
_____
_____
_____
_____

Fecha: ___/___/_____

Día 7

Hoy trataremos de centrar nuestra energía y conectar con nosotras mismas. Se puede hacer de muchas formas (rezando, meditando, usando alguna herramienta…). Yo te propongo el tarot.* Piensa en algo que te bloquee y escribe las respuestas sin darles muchas vueltas y de manera intuitiva.

1. _____
2. _____
3. _____
4. _____
5. _____

Escribe qué crees que significa la información que acabas de anotar. Puedes volver en unos días a revisarlo y sacar nuevas conclusiones.

_____
_____
_____
_____
_____
_____
_____

* Si quieres saber más sobre tarot, en mi libro *Mágicas* encontrarás una guía para iniciarte. Si utilizas esta herramienta, puedes sacar una carta para responder cada pregunta.

Fecha: ___/___/_____

Día 8: Cuarto creciente

¿Cómo sientes tu energía hoy?

1. _____
2. _____
3. _____
4. _____
5. _____

Identifica un obstáculo que te esté impidiendo llegar adonde quieres. Sintetízalo.

¿Qué acción (aunque sea pequeña) podrías tomar para vencer este obstáculo? Escríbela y simplemente actúa.

_____
_____
_____
_____
_____
_____

Día 9

¿Cómo sientes tu energía hoy?

_____

_____

_____

_____

Pensemos en el pequeño paso dado ayer.

¿Cómo te sentías antes de hacerlo?

_____

_____

_____

¿Cómo te sentiste después?

_____

_____

_____

Repite el mismo proceso de ayer con una acción nueva, aunque sea pequeña.

_____

_____

_____

Fecha: ___/___/_____

Día 10

Piensa en el pequeño paso de ayer y antes de ayer. Repite el proceso, pero prueba suerte y piensa en algo más fuera de tu zona de confort (por ejemplo, escribe a esa revista que te gusta explicándoles tu proyecto, aunque parezca imposible que te contesten).

¿Cómo te sentías antes de hacerlo?

_____

_____

_____

_____

¿Cómo te sentiste después?

_____

_____

_____

_____

¿Qué diferencia has notado entre un paso pequeño y este, menos apegado a la realidad?

_____

_____

_____

_____

Día 11: *Gibosa creciente*

¿Cómo andas de energía hoy?

Inquieta   Tranquila
0 ●●●●●●●●●● 10

Racional   Emocional
0 ●●●●●●●●●● 10

Desmotivada   Motivada
0 ●●●●●●●●●● 10

Desde que empezaste, ¿ha habido algún cambio en tu energía y tu ánimo?

_____

_____

_____

¿Qué acciones de estos días te han hecho sentir bien?

_____

_____

_____

¿Qué acciones de estos días te han hecho sentir peor o nada en especial?

_____

_____

_____

Fecha: ___/___/_____

Día 12

¿Has notado si alguno de los cambios, acciones o reflexiones ha tenido algún efecto en tu proceso de manifestación?

_____
_____
_____
_____
_____
_____

¿Sientes que en estos días has malgastado tiempo en algún asunto?

_____
_____
_____
_____

¿Qué acción te ha sido más útil y por qué?

_____
_____
_____
_____

Día 13

Estamos casi a la mitad del ciclo lunar. ¿Crees que tu manifestación se está comenzando a cumplir? Rodea la respuesta.

En cualquier caso, ¿por qué crees que es así? Da una respuesta detallada.

_____
_____
_____
_____
_____
_____
_____
_____
_____
_____
_____
_____
_____
_____

Fecha: ___/___/_____

 *Día 14*

Pide a tus personas más cercanas que te digan tres cualidades positivas sobre ti. Haz una lista a continuación.

_____   _____
_____   _____
_____   _____
_____   _____
_____   _____
_____   _____
_____   _____
_____   _____

¿Cuál es la más repetida?

_____
_____

¿Estás de acuerdo? ¿Por qué?

_____
_____
_____
_____

Día 15: Luna llena

Hoy haremos un ritual de luna llena para potenciar que nuestra manifestación se haga realidad. Apunta en un papel amarillo o dorado (y aquí en este recuadro, para que puedas recordarlo si quieres) la síntesis de tu manifestación.

Por la noche, enciende con una cerilla una vela blanca en un lugar con ventilación suficiente y quema el papelito mientras visualizas cómo el humo asciende y tu manifestación se entrega al universo. Luego, cierra los ojos e intenta centrarte en tu respiración, pensando en tu objetivo. ¿Cómo te sientes?

_____
_____
_____
_____
_____
_____

Fecha: ___/ ___/ _____

Día 16

¿Mantienes algún sentimiento de rencor, culpa o de otro tipo que sientas que te está frenando? Escribe cómo crees que puedes dar un paso para dejarlo atrás.

_____
_____
_____
_____
_____

¿Qué necesitas perdonar?

_____
_____
_____
_____
_____

¿Qué necesitas perdonarte?

_____
_____
_____
_____

Día 17

¿Cuáles son las cuatro emociones principales que estás sintiendo estos días?

1. _____
2. _____
3. _____
4. _____

¿Qué estás aprendiendo de esas emociones?

_____
_____
_____
_____
_____
_____

Expresa tu agradecimiento por lo que estás aprendiendo de ti misma.

_____
_____
_____
_____
_____
_____

Fecha: ___/___/_____

Día 18

Piensa en tu objetivo de manifestación. ¿Ha cambiado tu visión sobre él? ¿En qué?

_____

_____

_____

_____

_____

_____

_____

_____

Si ha cambiado algo en tu deseo, es momento de dejarlo ir y dar las gracias por lo aprendido, para dejar espacio a las cosas que están alineadas contigo en este momento. Reflexiona qué cosa o cosas están menos alineadas contigo ahora.

_____

_____

_____

_____

_____

_____

_____

_____

Día 19: Gibosa menguante

Recorta, dibuja o escribe fragmentos sobre cómo te gustaría verte en el futuro, después de desprenderte de lo que no te sirve, con este nuevo enfoque. La idea es expresarte de forma artística al respecto empleando elementos que ya formen parte de ti y añadiendo otros nuevos.

Día 20

¿Qué consejo fundamental darías a una amiga de lo que has aprendido en este ciclo hasta ahora? Resúmelo en una palabra y, después, explícalo.

Día 21

Dedica unos minutos a analizar cómo te sientes, a expresar tus emociones. Conecta con tu energía. Explícate.

_____

_____

_____

_____

_____

_____

_____

_____

_____

_____

_____

_____

Piensa en alguien (o algo) que esté en tu vida y te haga feliz. Escribe su nombre.

Día 22: Cuarto menguante

¿Qué comportamientos nocivos has tenido últimamente que no te han dejado avanzar?

_____

_____

_____

_____

_____

_____

_____

¿Cómo crees que podrías dejar de hacerlo? Piensa en un gesto pequeño que haga que te alejes de ese comportamiento. Escribe tu estrategia y ponla en práctica.

_____

_____

_____

_____

_____

_____

_____

_____

Día 23

¿Qué emociones sentiste ayer al analizar tus comportamientos nocivos?

_____
_____
_____
_____
_____
_____
_____
_____
_____

Respira. Imagina que esos comportamientos ya no forman parte de ti. Enciende una vela blanca. Después, registra cómo te sientes.

_____
_____
_____
_____
_____
_____
_____
_____
_____

Fecha: ___/___/_____

Día 24

Desde la luna llena, ¿a qué retos te has enfrentado?

_____
_____
_____
_____
_____
_____
_____
_____
_____

¿Qué has aprendido de ellos?

_____
_____
_____
_____
_____
_____
_____
_____
_____
_____

Día 25

¿Cómo te sientes hoy?

_____
_____
_____
_____
_____
_____
_____
_____

Haz una lista de los motivos por los que estés agradecida y que ya estén en tu vida.

_____   _____
_____   _____
_____   _____
_____   _____
_____   _____
_____   _____
_____   _____
_____   _____
_____   _____

Día 26: Menguante

Haz una lista de cosas que te gustan, de autocuidados para mimarte.

1. _____
2. _____
3. _____
4. _____
5. _____
6. _____
7. _____
8. _____

Elige un elemento de la lista y hazlo hoy.

¿Cómo te sentías antes de hacerlo?

_____
_____
_____
_____

¿Cómo te sientes después de hacerlo?

_____
_____
_____
_____

Día 27

Hoy vamos a conectar con el subconsciente. Puedes rezar, meditar o usar otra herramienta. Yo te propongo el tarot.* Pregúntate: ¿cómo puedo estar bien, tener abundancia?

Apunta tres ideas que te vengan a la mente encima de cada dibujo del reverso de la carta y luego trata de desarrollarlas.

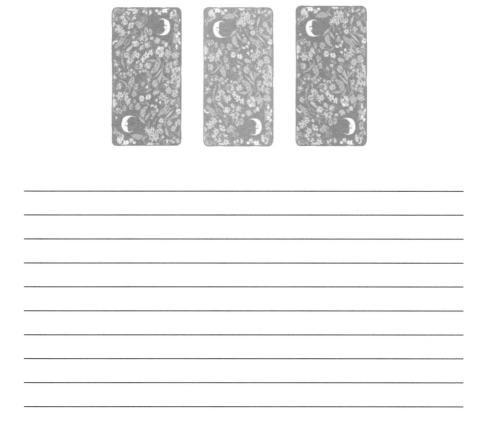

_____
_____
_____
_____
_____
_____
_____
_____
_____
_____
_____

* Si quieres aprender más sobre tarot, te aconsejo mi libro ilustrado *Mágicas*. En este caso, puedes sacar una carta por idea y ver qué mensaje te traen los arcanos.

Fecha: ___/___/_____

Día 28

¿Has sentido qué nuevos deseos han surgido en este ciclo lunar? ¿Cuáles?

_____

_____

_____

_____

_____

_____

_____

_____

¿Qué deseos te gustaría llevarte al ciclo lunar nuevo para seguir trabajando en ellos?

_____

_____

_____

_____

_____

_____

_____

_____

Día 29

Es el día de expresarte con libertad, justo antes de la luna nueva. Descansa, medita, reflexiona… Dispones del siguiente espacio para expresarte a tu aire, ya sea escribiendo, dibujando, garabateando… Sigue tu instinto.

Fecha: ___/___/_____

Día 1: Luna nueva

Fíjate en tus metas en los próximos 28 días en conjunto.
¿Qué te gustaría manifestar en este tiempo? Escríbelo en presente, como si ya lo hubieras conseguido.

_____
_____
_____
_____
_____
_____
_____

¿Qué cinco acciones principales puedes seguir para lograrlo?

1. _____
2. _____
3. _____
4. _____
5. _____

¿Cómo vas a premiarte cuando lo consigas?

_____
_____
_____

Fecha: ___/___/_____

Día 2

De las metas que definiste ayer, ¿cuál te parece más importante hoy y por qué?

META MÁS IMPORTANTE

_____

_____

Mi verdadero propósito para este ciclo lunar, por lo tanto, es:

_____

_____

_____

_____

_____

_____

Sintetízalo en una palabra (con letra grande y bonita).

Día 3

¿Cómo sientes tu energía hoy?

Inquieta   *Tranquila*

0 ●●●●●●●●●● 10

Racional   *Emocional*

0 ●●●●●●●●●● 10

Desmotivada   *Motivada*

0 ●●●●●●●●●● 10

Imagina que ya conseguiste tu objetivo. ¿Cómo te sientes al respecto? Sé clara.

_____

_____

_____

_____

_____

_____

_____

_____

_____

Fecha: ___/___/_____

Día 4: Creciente

¿Por qué has elegido precisamente este objetivo para este ciclo lunar?

_____

_____

_____

_____

_____

_____

_____

_____

_____

_____

_____

_____

_____

_____

_____

_____

_____

_____

_____

_____

_____

_____

_____

Día 5

Una vez conseguido y manifestado tu deseo, ¿lo emplearías para ayudar a los demás?

_____
_____
_____
_____
_____
_____

Apunta cinco causas por las que crees que estarías contribuyendo a crear un mundo mejor una vez logrado tu objetivo.

1. _____
2. _____
3. _____
4. _____
5. _____

¿Cuál crees que es más importante?

Fecha: ___/___/_____

Día 6

Hoy es un día para dar gracias. Agradece aquello que ya tengas en la vida, sea grande o pequeño.

_____
_____
_____
_____
_____
_____
_____
_____
_____

Agradece también por lo que quieres manifestar como si ya lo tuvieras, en presente. Descríbelo de la manera más detallada posible.

_____
_____
_____
_____
_____
_____
_____
_____
_____
_____

Día 7

Hoy trataremos de centrar nuestra energía y conectar con nosotras mismas. Se puede hacer de muchas formas (rezando, meditando, usando alguna herramienta…). Yo te propongo el tarot.* Piensa en algo que te bloquee y escribe las respuestas sin darles muchas vueltas y de manera intuitiva.

1. _____
2. _____
3. _____
4. _____
5. _____

Escribe qué crees que significa la información que acabas de anotar. Puedes volver en unos días a revisarlo y sacar nuevas conclusiones.

_____
_____
_____
_____
_____
_____
_____

* Si quieres saber más sobre tarot, en mi libro *Mágicas* encontrarás una guía para iniciarte. Si utilizas esta herramienta, puedes sacar una carta para responder cada pregunta.

Fecha: ___ / ___ / _____

Día 8: Cuarto creciente

¿Cómo sientes tu energía hoy?

1. _____
2. _____
3. _____
4. _____
5. _____

Identifica un obstáculo que te esté impidiendo llegar adonde quieres. Sintetízalo.

¿Qué acción (aunque sea pequeña) podrías tomar para vencer este obstáculo? Escríbela y simplemente actúa.

_____
_____
_____
_____
_____
_____

Día 9

¿Cómo sientes tu energía hoy?

_____

_____

_____

_____

Pensemos en el pequeño paso dado ayer.

¿Cómo te sentías antes de hacerlo?

_____

_____

_____

¿Cómo te sentiste después?

_____

_____

_____

Repite el mismo proceso de ayer con una acción nueva, aunque sea pequeña.

_____

_____

_____

Fecha: ___/___/_____

Día 10

Piensa en el pequeño paso de ayer y antes de ayer. Repite el proceso, pero prueba suerte y piensa en algo más fuera de tu zona de confort (por ejemplo, escribe a esa revista que te gusta explicándoles tu proyecto, aunque parezca imposible que te contesten).

¿Cómo te sentías antes de hacerlo?

_____
_____
_____
_____

¿Cómo te sentiste después?

_____
_____
_____
_____

¿Qué diferencia has notado entre un paso pequeño y este, menos apegado a la realidad?

_____
_____
_____
_____

Día 11: *Gibosa creciente*

¿Cómo andas de energía hoy?

Inquieta · Tranquila
0 ●●●●●●●●●● 10

Racional · Emocional
0 ●●●●●●●●●● 10

Desmotivada · Motivada
0 ●●●●●●●●●● 10

Desde que empezaste, ¿ha habido algún cambio en tu energía y tu ánimo?

_____

_____

_____

¿Qué acciones de estos días te han hecho sentir bien?

_____

_____

_____

¿Qué acciones de estos días te han hecho sentir peor o nada en especial?

_____

_____

_____

Fecha: ___/___/_____

Día 12

¿Has notado si alguno de los cambios, acciones o reflexiones ha tenido algún efecto en tu proceso de manifestación?

_____

_____

_____

_____

_____

_____

¿Sientes que en estos días has malgastado tiempo en algún asunto?

_____

_____

_____

_____

¿Qué acción te ha sido más útil y por qué?

_____

_____

_____

_____

Día 13

Estamos casi a la mitad del ciclo lunar. ¿Crees que tu manifestación se está comenzando a cumplir? Rodea la respuesta.

En cualquier caso, ¿por qué crees que es así? Da una respuesta detallada.

_____
_____
_____
_____
_____
_____
_____
_____
_____
_____
_____
_____
_____
_____
_____

Fecha: ___/___/_____

Día 14

Pide a tus personas más cercanas que te digan tres cualidades positivas sobre ti. Haz una lista a continuación.

_____   _____
_____   _____
_____   _____
_____   _____
_____   _____
_____   _____
_____   _____

¿Cuál es la más repetida?

_____
_____

¿Estás de acuerdo? ¿Por qué?

_____
_____
_____
_____

Día 15: Luna llena

Hoy haremos un ritual de luna llena para potenciar que nuestra manifestación se haga realidad. Apunta en un papel amarillo o dorado (y aquí en este recuadro, para que puedas recordarlo si quieres) la síntesis de tu manifestación.

Por la noche, enciende con una cerilla una vela blanca en un lugar con ventilación suficiente y quema el papelito mientras visualizas cómo el humo asciende y tu manifestación se entrega al universo. Luego, cierra los ojos e intenta centrarte en tu respiración, pensando en tu objetivo. ¿Cómo te sientes?

_____

_____

_____

_____

_____

_____

Fecha: ___/___/_____

✤❀✤ *Día 16* ✤❀✤

¿Mantienes algún sentimiento de rencor, culpa o de otro tipo que sientas que te está frenando? Escribe cómo crees que puedes dar un paso para dejarlo atrás.

_____
_____
_____
_____
_____

¿Qué necesitas perdonar?

_____
_____
_____
_____
_____

¿Qué necesitas perdonarte?

_____
_____
_____
_____

Fecha: ___/___/_____

Día 17

¿Cuáles son las cuatro emociones principales que estás sintiendo estos días?

1. _____
2. _____
3. _____
4. _____

¿Qué estás aprendiendo de esas emociones?

_____
_____
_____
_____
_____
_____

Expresa tu agradecimiento por lo que estás aprendiendo de ti misma.

_____
_____
_____
_____
_____
_____

Fecha: ___/___/_____

Día 18

Piensa en tu objetivo de manifestación. ¿Ha cambiado tu visión sobre él? ¿En qué?

_____

_____

_____

_____

_____

_____

_____

_____

Si ha cambiado algo en tu deseo, es momento de dejarlo ir y dar las gracias por lo aprendido, para dejar espacio a las cosas que están alineadas contigo en este momento. Reflexiona qué cosa o cosas están menos alineadas contigo ahora.

_____

_____

_____

_____

_____

_____

_____

_____

Día 19: *Gibosa menguante*

Recorta, dibuja o escribe fragmentos sobre cómo te gustaría verte en el futuro, después de desprenderte de lo que no te sirve, con este nuevo enfoque. La idea es expresarte de forma artística al respecto empleando elementos que ya formen parte de ti y añadiendo otros nuevos.

Día 20

¿Qué consejo fundamental darías a una amiga de lo que has aprendido en este ciclo hasta ahora? Resúmelo en una palabra y, después, explícalo.

_____

_____

_____

_____

_____

_____

_____

_____

_____

_____

_____

_____

_____

_____

_____

Día 21

Dedica unos minutos a analizar cómo te sientes, a expresar tus emociones. Conecta con tu energía. Explícate.

_____

_____

_____

_____

_____

_____

_____

_____

_____

_____

_____

Piensa en alguien (o algo) que esté en tu vida y te haga feliz. Escribe su nombre.

Fecha: ___ / ___ / _____

Día 22: Cuarto menguante

¿Qué comportamientos nocivos has tenido últimamente que no te han dejado avanzar?

_____

_____

_____

_____

_____

_____

_____

¿Cómo crees que podrías dejar de hacerlo? Piensa en un gesto pequeño que haga que te alejes de ese comportamiento. Escribe tu estrategia y ponla en práctica.

_____

_____

_____

_____

_____

_____

_____

_____

_____

Día 23

¿Qué emociones sentiste ayer al analizar tus comportamientos nocivos?

_____

_____

_____

_____

_____

_____

_____

_____

Respira. Imagina que esos comportamientos ya no forman parte de ti. Enciende una vela blanca. Después, registra cómo te sientes.

_____

_____

_____

_____

_____

_____

_____

_____

Fecha: ___ / ___ / _____

Día 24

Desde la luna llena, ¿a qué retos te has enfrentado?

_____
_____
_____
_____
_____
_____
_____
_____
_____
_____

¿Qué has aprendido de ellos?

_____
_____
_____
_____
_____
_____
_____
_____
_____
_____
_____

Día 25

¿Cómo te sientes hoy?

_____
_____
_____
_____
_____
_____
_____
_____
_____

Haz una lista de los motivos por los que estés agradecida y que ya estén en tu vida.

_____   _____
_____   _____
_____   _____
_____   _____
_____   _____
_____   _____
_____   _____
_____   _____
_____   _____
_____   _____

Fecha: ___/___/_____

Día 26: Menguante

Haz una lista de cosas que te gustan, de autocuidados para mimarte.

1. _____
2. _____
3. _____
4. _____
5. _____
6. _____
7. _____
8. _____

Elige un elemento de la lista y hazlo hoy.

¿Cómo te sentías antes de hacerlo?

_____
_____
_____
_____

¿Cómo te sientes después de hacerlo?

_____
_____
_____
_____

Día 27

Hoy vamos a conectar con el subconsciente. Puedes rezar, meditar o usar otra herramienta. Yo te propongo el tarot.* Pregúntate: ¿cómo puedo estar bien, tener abundancia?

Apunta tres ideas que te vengan a la mente encima de cada dibujo del reverso de la carta y luego trata de desarrollarlas.

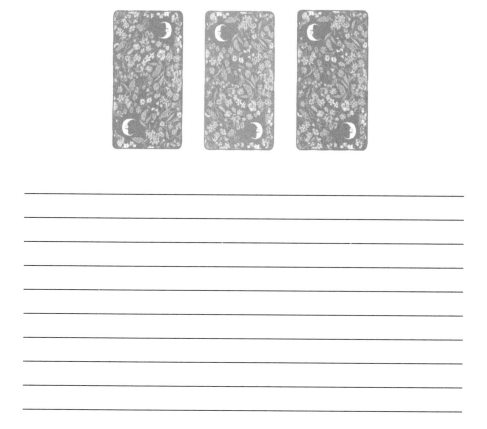

_____

_____

_____

_____

_____

_____

_____

_____

_____

_____

* Si quieres aprender más sobre tarot, te aconsejo mi libro ilustrado *Mágicas*. En este caso, puedes sacar una carta por idea y ver qué mensaje te traen los arcanos.

Fecha: ___/ ___/ _____

Día 28

¿Has sentido qué nuevos deseos han surgido en este ciclo lunar? ¿Cuáles?

_____

_____

_____

_____

_____

_____

_____

_____

_____

¿Qué deseos te gustaría llevarte al ciclo lunar nuevo para seguir trabajando en ellos?

_____

_____

_____

_____

_____

_____

_____

_____

_____

Día 29

Es el día de expresarte con libertad, justo antes de la luna nueva. Descansa, medita, reflexiona… Dispones del siguiente espacio para expresarte a tu aire, ya sea escribiendo, dibujando, garabateando… Sigue tu instinto.

Fecha: ___/___/_____

Día 1: Luna nueva

Fíjate en tus metas en los próximos 28 días en conjunto.
¿Qué te gustaría manifestar en este tiempo? Escríbelo en presente, como si ya lo hubieras conseguido.

_____
_____
_____
_____
_____
_____
_____

¿Qué cinco acciones principales puedes seguir para lograrlo?

1. _____
2. _____
3. _____
4. _____
5. _____

¿Cómo vas a premiarte cuando lo consigas?

_____
_____
_____

119

Fecha: ___/___/_____

Día 2

De las metas que definiste ayer, ¿cuál te parece más importante hoy y por qué?

META MÁS IMPORTANTE

_____

_____

Mi verdadero propósito para este ciclo lunar, por lo tanto, es:

_____

_____

_____

_____

_____

_____

Sintetízalo en una palabra (con letra grande y bonita).

Fecha: ___/___/_____

Día 3

¿Cómo sientes tu energía hoy?

Inquieta   *Tranquila*

0 ●●●●●●●●●●● 10

Racional   *Emocional*

0 ●●●●●●●●●●● 10

Desmotivada   *Motivada*

0 ●●●●●●●●●●● 10

Imagina que ya conseguiste tu objetivo. ¿Cómo te sientes al respecto? Sé clara.

_____
_____
_____
_____
_____
_____
_____
_____
_____

Fecha: ___/___/_____

Día 4: Creciente

¿Por qué has elegido precisamente este objetivo para este ciclo lunar?

_____

_____

_____

_____

_____

_____

_____

_____

_____

_____

_____

_____

_____

_____

_____

_____

_____

_____

_____

_____

_____

_____

Día 5

Una vez conseguido y manifestado tu deseo, ¿lo emplearías para ayudar a los demás?

_____

_____

_____

_____

_____

_____

Apunta cinco causas por las que crees que estarías contribuyendo a crear un mundo mejor una vez logrado tu objetivo.

1. _____

2. _____

3. _____

4. _____

5. _____

¿Cuál crees que es más importante?

Fecha: ___/___/_____

Día 6

Hoy es un día para dar gracias. Agradece aquello que ya tengas en la vida, sea grande o pequeño.

_____

_____

_____

_____

_____

_____

_____

_____

_____

Agradece también por lo que quieres manifestar como si ya lo tuvieras, en presente. Descríbelo de la manera más detallada posible.

_____

_____

_____

_____

_____

_____

_____

_____

_____

Día 7

Hoy trataremos de centrar nuestra energía y conectar con nosotras mismas. Se puede hacer de muchas formas (rezando, meditando, usando alguna herramienta…). Yo te propongo el tarot.* Piensa en algo que te bloquee y escribe las respuestas sin darles muchas vueltas y de manera intuitiva.

1. _____
2. _____
3. _____
4. _____
5. _____

Escribe qué crees que significa la información que acabas de anotar. Puedes volver en unos días a revisarlo y sacar nuevas conclusiones.

_____
_____
_____
_____
_____
_____
_____

* Si quieres saber más sobre tarot, en mi libro *Mágicas* encontrarás una guía para iniciarte. Si utilizas esta herramienta, puedes sacar una carta para responder cada pregunta.

Fecha: ___/___/_____

Día 8: Cuarto creciente

¿Cómo sientes tu energía hoy?

1. _____
2. _____
3. _____
4. _____
5. _____

Identifica un obstáculo que te esté impidiendo llegar adonde quieres. Sintetízalo.

¿Qué acción (aunque sea pequeña) podrías tomar para vencer este obstáculo? Escríbela y simplemente actúa.

_____
_____
_____
_____
_____
_____

Día 9

¿Cómo sientes tu energía hoy?

_____
_____
_____
_____

Pensemos en el pequeño paso dado ayer.

¿Cómo te sentías antes de hacerlo?

_____
_____
_____

¿Cómo te sentiste después?

_____
_____
_____

Repite el mismo proceso de ayer con una acción nueva, aunque sea pequeña.

_____
_____
_____

Día 10

Piensa en el pequeño paso de ayer y antes de ayer. Repite el proceso, pero prueba suerte y piensa en algo más fuera de tu zona de confort (por ejemplo, escribe a esa revista que te gusta explicándoles tu proyecto, aunque parezca imposible que te contesten).

¿Cómo te sentías antes de hacerlo?

_____

_____

_____

_____

¿Cómo te sentiste después?

_____

_____

_____

_____

¿Qué diferencia has notado entre un paso pequeño y este, menos apegado a la realidad?

_____

_____

_____

_____

Día 11: *Gibosa creciente*

¿Cómo andas de energía hoy?

Inquieta   Tranquila

0 ●●●●●●●●●● 10

Racional   Emocional

0 ●●●●●●●●●● 10

Desmotivada   Motivada

0 ●●●●●●●●●● 10

Desde que empezaste, ¿ha habido algún cambio en tu energía y tu ánimo?

_____

_____

_____

¿Qué acciones de estos días te han hecho sentir bien?

_____

_____

_____

¿Qué acciones de estos días te han hecho sentir peor o nada en especial?

_____

_____

_____

Fecha: ___/___/_____

Día 12

¿Has notado si alguno de los cambios, acciones o reflexiones ha tenido algún efecto en tu proceso de manifestación?

_____

_____

_____

_____

_____

_____

¿Sientes que en estos días has malgastado tiempo en algún asunto?

_____

_____

_____

_____

¿Qué acción te ha sido más útil y por qué?

_____

_____

_____

_____

Día 13

Estamos casi a la mitad del ciclo lunar. ¿Crees que tu manifestación se está comenzando a cumplir? Rodea la respuesta.

En cualquier caso, ¿por qué crees que es así? Da una respuesta detallada.

_____

_____

_____

_____

_____

_____

_____

_____

_____

_____

_____

_____

Fecha: ___/___/_____

 *Día 14*

Pide a tus personas más cercanas que te digan tres cualidades positivas sobre ti. Haz una lista a continuación.

_____   _____
_____   _____
_____   _____
_____   _____
_____   _____
_____   _____
_____   _____

¿Cuál es la más repetida?

_____
_____

¿Estás de acuerdo? ¿Por qué?

_____
_____
_____
_____

Día 15: Luna llena

Hoy haremos un ritual de luna llena para potenciar que nuestra manifestación se haga realidad. Apunta en un papel amarillo o dorado (y aquí en este recuadro, para que puedas recordarlo si quieres) la síntesis de tu manifestación.

Por la noche, enciende con una cerilla una vela blanca en un lugar con ventilación suficiente y quema el papelito mientras visualizas cómo el humo asciende y tu manifestación se entrega al universo. Luego, cierra los ojos e intenta centrarte en tu respiración, pensando en tu objetivo. ¿Cómo te sientes?

_____

_____

_____

_____

_____

_____

Fecha: ___/___/_____

✤✦ *Día 16* ✦✤

¿Mantienes algún sentimiento de rencor, culpa o de otro tipo que sientas que te está frenando? Escribe cómo crees que puedes dar un paso para dejarlo atrás.

_____

_____

_____

_____

_____

¿Qué necesitas perdonar?

_____

_____

_____

_____

_____

¿Qué necesitas perdonarte?

_____

_____

_____

_____

Día 17

¿Cuáles son las cuatro emociones principales que estás sintiendo estos días?

1. _____
2. _____
3. _____
4. _____

¿Qué estás aprendiendo de esas emociones?

_____
_____
_____
_____
_____
_____

Expresa tu agradecimiento por lo que estás aprendiendo de ti misma.

_____
_____
_____
_____
_____
_____

Fecha: ___/___/_____

Día 18

Piensa en tu objetivo de manifestación. ¿Ha cambiado tu visión sobre él? ¿En qué?

_____

_____

_____

_____

_____

_____

_____

_____

Si ha cambiado algo en tu deseo, es momento de dejarlo ir y dar las gracias por lo aprendido, para dejar espacio a las cosas que están alineadas contigo en este momento. Reflexiona qué cosa o cosas están menos alineadas contigo ahora.

_____

_____

_____

_____

_____

_____

_____

Día 19: *Gibosa menguante*

Recorta, dibuja o escribe fragmentos sobre cómo te gustaría verte en el futuro, después de desprenderte de lo que no te sirve, con este nuevo enfoque. La idea es expresarte de forma artística al respecto empleando elementos que ya formen parte de ti y añadiendo otros nuevos.

Día 20

¿Qué consejo fundamental darías a una amiga de lo que has aprendido en este ciclo hasta ahora? Resúmelo en una palabra y, después, explícalo.

_____

_____

_____

_____

_____

_____

_____

_____

_____

_____

_____

_____

_____

_____

_____

_____

_____

Fecha: ___/___/_____

Día 21

Dedica unos minutos a analizar cómo te sientes, a expresar tus emociones. Conecta con tu energía. Explícate.

_____
_____
_____
_____
_____
_____
_____
_____
_____
_____
_____

Piensa en alguien (o algo) que esté en tu vida y te haga feliz. Escribe su nombre.

Fecha: ___/___/_____

Día 22: Cuarto menguante

¿Qué comportamientos nocivos has tenido últimamente que no te han dejado avanzar?

_____

_____

_____

_____

_____

_____

_____

_____

¿Cómo crees que podrías dejar de hacerlo? Piensa en un gesto pequeño que haga que te alejes de ese comportamiento. Escribe tu estrategia y ponla en práctica.

_____

_____

_____

_____

_____

_____

_____

_____

Día 23

¿Qué emociones sentiste ayer al analizar tus comportamientos nocivos?

_____
_____
_____
_____
_____
_____
_____
_____
_____

Respira. Imagina que esos comportamientos ya no forman parte de ti. Enciende una vela blanca. Después, registra cómo te sientes.

_____
_____
_____
_____
_____
_____
_____
_____

Fecha: ___/___/_____

Día 24

Desde la luna llena, ¿a qué retos te has enfrentado?

_____
_____
_____
_____
_____
_____
_____
_____
_____

¿Qué has aprendido de ellos?

_____
_____
_____
_____
_____
_____
_____
_____
_____
_____

Día 25

¿Cómo te sientes hoy?

_____

_____

_____

_____

_____

_____

_____

_____

_____

Haz una lista de los motivos por los que estés agradecida y que ya estén en tu vida.

_____   _____

_____   _____

_____   _____

_____   _____

_____   _____

_____   _____

_____   _____

_____   _____

_____   _____

Día 26: Menguante

Haz una lista de cosas que te gustan, de autocuidados para mimarte.

1. _____
2. _____
3. _____
4. _____
5. _____
6. _____
7. _____
8. _____

Elige un elemento de la lista y hazlo hoy.

¿Cómo te sentías antes de hacerlo?

_____
_____
_____
_____

¿Cómo te sientes después de hacerlo?

_____
_____
_____
_____

Fecha: ___/___/_____

Día 27

Hoy vamos a conectar con el subconsciente. Puedes rezar, meditar o usar otra herramienta. Yo te propongo el tarot.* Pregúntate: ¿cómo puedo estar bien, tener abundancia?

Apunta tres ideas que te vengan a la mente encima de cada dibujo del reverso de la carta y luego trata de desarrollarlas.

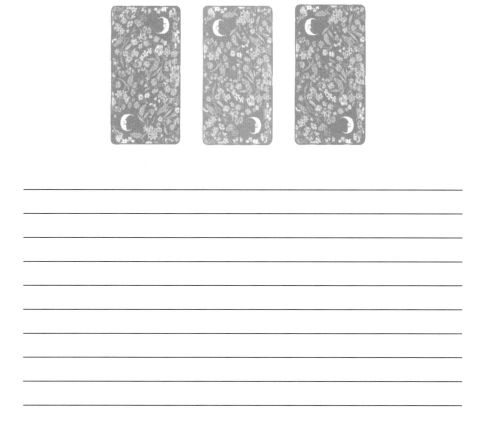

_____
_____
_____
_____
_____
_____
_____
_____
_____
_____

* Si quieres aprender más sobre tarot, te aconsejo mi libro ilustrado *Mágicas*. En este caso, puedes sacar una carta por idea y ver qué mensaje te traen los arcanos.

Fecha: ___/___/_____

Día 28

¿Has sentido qué nuevos deseos han surgido en este ciclo lunar? ¿Cuáles?

_____
_____
_____
_____
_____
_____
_____
_____
_____

¿Qué deseos te gustaría llevarte al ciclo lunar nuevo para seguir trabajando en ellos?

_____
_____
_____
_____
_____
_____
_____
_____
_____

Día 29

Es el día de expresarte con libertad, justo antes de la luna nueva. Descansa, medita, reflexiona… Dispones del siguiente espacio para expresarte a tu aire, ya sea escribiendo, dibujando, garabateando… Sigue tu instinto.

Día 1: Luna nueva

Fíjate en tus metas en los próximos 28 días en conjunto.
¿Qué te gustaría manifestar en este tiempo? Escríbelo en presente, como si ya lo hubieras conseguido.

_____
_____
_____
_____
_____
_____
_____

¿Qué cinco acciones principales puedes seguir para lograrlo?

1. _____
2. _____
3. _____
4. _____
5. _____

¿Cómo vas a premiarte cuando lo consigas?

_____
_____
_____

Fecha: ___ / ___ / _____

Día 2

De las metas que definiste ayer, ¿cuál te parece más importante hoy y por qué?

META MÁS IMPORTANTE

_____
_____

Mi verdadero propósito para este ciclo lunar, por lo tanto, es:

_____
_____
_____
_____
_____
_____

Sintetízalo en una palabra (con letra grande y bonita).

Día 3

¿Cómo sientes tu energía hoy?

Inquieta   *Tranquila*

0 ●●●●●●●●●●● 10

Racional   *Emocional*

0 ●●●●●●●●●●● 10

Desmotivada   *Motivada*

0 ●●●●●●●●●●● 10

Imagina que ya conseguiste tu objetivo. ¿Cómo te sientes al respecto?
Sé clara.

_____

_____

_____

_____

_____

_____

_____

_____

_____

Fecha: ___/___/_____

Día 4: Creciente

¿Por qué has elegido precisamente este objetivo para este ciclo lunar?

_____

_____

_____

_____

_____

_____

_____

_____

_____

_____

_____

_____

_____

_____

_____

_____

_____

_____

_____

_____

_____

_____

_____

_____

Día 5

Una vez conseguido y manifestado tu deseo, ¿lo emplearías para ayudar a los demás?

_____

_____

_____

_____

_____

_____

Apunta cinco causas por las que crees que estarías contribuyendo a crear un mundo mejor una vez logrado tu objetivo.

1. _____
2. _____
3. _____
4. _____
5. _____

¿Cuál crees que es más importante?

Fecha: ___/___/_____

Día 6

Hoy es un día para dar gracias. Agradece aquello que ya tengas en la vida, sea grande o pequeño.

_____
_____
_____
_____
_____
_____
_____
_____
_____

Agradece también por lo que quieres manifestar como si ya lo tuvieras, en presente. Descríbelo de la manera más detallada posible.

_____
_____
_____
_____
_____
_____
_____
_____
_____
_____

Día 7

Hoy trataremos de centrar nuestra energía y conectar con nosotras mismas. Se puede hacer de muchas formas (rezando, meditando, usando alguna herramienta…). Yo te propongo el tarot.* Piensa en algo que te bloquee y escribe las respuestas sin darles muchas vueltas y de manera intuitiva.

1. _____
2. _____
3. _____
4. _____
5. _____

Escribe qué crees que significa la información que acabas de anotar. Puedes volver en unos días a revisarlo y sacar nuevas conclusiones.

_____
_____
_____
_____
_____
_____
_____

* Si quieres saber más sobre tarot, en mi libro *Mágicas* encontrarás una guía para iniciarte. Si utilizas esta herramienta, puedes sacar una carta para responder cada pregunta.

Fecha: ___/___/_____

Día 8: Cuarto creciente

¿Cómo sientes tu energía hoy?

1. _____
2. _____
3. _____
4. _____
5. _____

Identifica un obstáculo que te esté impidiendo llegar adonde quieres. Sintetízalo.

¿Qué acción (aunque sea pequeña) podrías tomar para vencer este obstáculo? Escríbela y simplemente actúa.

_____
_____
_____
_____
_____
_____

Día 9

¿Cómo sientes tu energía hoy?

_____

_____

_____

_____

Pensemos en el pequeño paso dado ayer.

¿Cómo te sentías antes de hacerlo?

_____

_____

_____

¿Cómo te sentiste después?

_____

_____

_____

Repite el mismo proceso de ayer con una acción nueva, aunque sea pequeña.

_____

_____

_____

Día 10

Piensa en el pequeño paso de ayer y antes de ayer. Repite el proceso, pero prueba suerte y piensa en algo más fuera de tu zona de confort (por ejemplo, escribe a esa revista que te gusta explicándoles tu proyecto, aunque parezca imposible que te contesten).

¿Cómo te sentías antes de hacerlo?

_____

_____

_____

_____

¿Cómo te sentiste después?

_____

_____

_____

_____

¿Qué diferencia has notado entre un paso pequeño y este, menos apegado a la realidad?

_____

_____

_____

_____

Día 11: *Gibosa creciente*

¿Cómo andas de energía hoy?

Inquieta   Tranquila

Racional   Emocional

Desmotivada   Motivada

Desde que empezaste, ¿ha habido algún cambio en tu energía y tu ánimo?

_____

_____

_____

¿Qué acciones de estos días te han hecho sentir bien?

_____

_____

_____

¿Qué acciones de estos días te han hecho sentir peor o nada en especial?

_____

_____

_____

Fecha: ___/ ___/ _____

Día 12

¿Has notado si alguno de los cambios, acciones o reflexiones ha tenido algún efecto en tu proceso de manifestación?

_____
_____
_____
_____
_____
_____

¿Sientes que en estos días has malgastado tiempo en algún asunto?

_____
_____
_____
_____

¿Qué acción te ha sido más útil y por qué?

_____
_____
_____
_____

Fecha: ___/ ___/ _____

Día 13

Estamos casi a la mitad del ciclo lunar. ¿Crees que tu manifestación se está comenzando a cumplir? Rodea la respuesta.

En cualquier caso, ¿por qué crees que es así? Da una respuesta detallada.

_____
_____
_____
_____
_____
_____
_____
_____
_____
_____
_____
_____
_____
_____
_____

Fecha: ___/___/_____

 **Día 14**

Pide a tus personas más cercanas que te digan tres cualidades positivas sobre ti. Haz una lista a continuación.

_____   _____
_____   _____
_____   _____
_____   _____
_____   _____
_____   _____
_____   _____
_____   _____

¿Cuál es la más repetida?

_____
_____

¿Estás de acuerdo? ¿Por qué?

_____
_____
_____
_____

Día 15: Luna llena

Hoy haremos un ritual de luna llena para potenciar que nuestra manifestación se haga realidad. Apunta en un papel amarillo o dorado (y aquí en este recuadro, para que puedas recordarlo si quieres) la síntesis de tu manifestación.

Por la noche, enciende con una cerilla una vela blanca en un lugar con ventilación suficiente y quema el papelito mientras visualizas cómo el humo asciende y tu manifestación se entrega al universo. Luego, cierra los ojos e intenta centrarte en tu respiración, pensando en tu objetivo. ¿Cómo te sientes?

_____
_____
_____
_____
_____
_____

Fecha: ___/___/_____

❧ *Día 16* ❧

¿Mantienes algún sentimiento de rencor, culpa o de otro tipo que sientas que te está frenando? Escribe cómo crees que puedes dar un paso para dejarlo atrás.

_____
_____
_____
_____
_____

¿Qué necesitas perdonar?

_____
_____
_____
_____
_____

¿Qué necesitas perdonarte?

_____
_____
_____
_____

Día 17

¿Cuáles son las cuatro emociones principales que estás sintiendo estos días?

1. _____
2. _____
3. _____
4. _____

¿Qué estás aprendiendo de esas emociones?

_____
_____
_____
_____
_____
_____

Expresa tu agradecimiento por lo que estás aprendiendo de ti misma.

_____
_____
_____
_____
_____
_____

Fecha: ___ / ___ / _____

Día 18

Piensa en tu objetivo de manifestación. ¿Ha cambiado tu visión sobre él? ¿En qué?

_____

_____

_____

_____

_____

_____

_____

Si ha cambiado algo en tu deseo, es momento de dejarlo ir y dar las gracias por lo aprendido, para dejar espacio a las cosas que están alinea- das contigo en este momento. Reflexiona qué cosa o cosas están menos alineadas contigo ahora.

_____

_____

_____

_____

_____

_____

_____

Día 19: *Gibosa menguante*

Recorta, dibuja o escribe fragmentos sobre cómo te gustaría verte en el futuro, después de desprenderte de lo que no te sirve, con este nuevo enfoque. La idea es expresarte de forma artística al respecto empleando elementos que ya formen parte de ti y añadiendo otros nuevos.

Fecha: ___/___/_____

Día 20

¿Qué consejo fundamental darías a una amiga de lo que has aprendido en este ciclo hasta ahora? Resúmelo en una palabra y, después, explícalo.

_____
_____
_____
_____
_____
_____
_____
_____
_____
_____
_____
_____
_____

Día 21

Dedica unos minutos a analizar cómo te sientes, a expresar tus emociones. Conecta con tu energía. Explícate.

_____
_____
_____
_____
_____
_____
_____
_____
_____
_____
_____
_____

Piensa en alguien (o algo) que esté en tu vida y te haga feliz. Escribe su nombre.

Fecha: ___/___/_____

Día 22: Cuarto menguante

¿Qué comportamientos nocivos has tenido últimamente que no te han dejado avanzar?

_____
_____
_____
_____
_____
_____
_____

¿Cómo crees que podrías dejar de hacerlo? Piensa en un gesto pequeño que haga que te alejes de ese comportamiento. Escribe tu estrategia y ponla en práctica.

_____
_____
_____
_____
_____
_____
_____
_____

Día 23

¿Qué emociones sentiste ayer al analizar tus comportamientos nocivos?

_____

_____

_____

_____

_____

_____

_____

_____

_____

Respira. Imagina que esos comportamientos ya no forman parte de ti. Enciende una vela blanca. Después, registra cómo te sientes.

_____

_____

_____

_____

_____

_____

_____

_____

Fecha: ___/___/_____

Día 24

Desde la luna llena, ¿a qué retos te has enfrentado?

_____
_____
_____
_____
_____
_____
_____
_____

¿Qué has aprendido de ellos?

_____
_____
_____
_____
_____
_____
_____
_____
_____
_____

Día 25

¿Cómo te sientes hoy?

_____
_____
_____
_____
_____
_____
_____
_____
_____

Haz una lista de los motivos por los que estés agradecida y que ya estén en tu vida.

_____   _____
_____   _____
_____   _____
_____   _____
_____   _____
_____   _____
_____   _____
_____   _____
_____   _____

Fecha: ___/___/_____

Día 26: Menguante

Haz una lista de cosas que te gustan, de autocuidados para mimarte.

1. _____
2. _____
3. _____
4. _____
5. _____
6. _____
7. _____
8. _____

Elige un elemento de la lista y hazlo hoy.

¿Cómo te sentías antes de hacerlo?

_____
_____
_____
_____

¿Cómo te sientes después de hacerlo?

_____
_____
_____
_____

Día 27

Hoy vamos a conectar con el subconsciente. Puedes rezar, meditar o usar otra herramienta. Yo te propongo el tarot.* Pregúntate: ¿cómo puedo estar bien, tener abundancia?

Apunta tres ideas que te vengan a la mente encima de cada dibujo del reverso de la carta y luego trata de desarrollarlas.

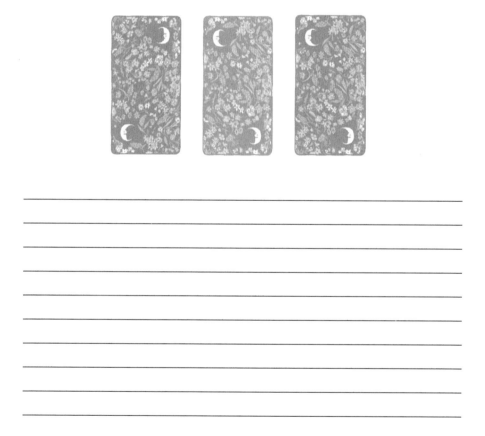

_____
_____
_____
_____
_____
_____
_____
_____
_____
_____
_____

* Si quieres aprender más sobre tarot, te aconsejo mi libro ilustrado *Mágicas*. En este caso, puedes sacar una carta por idea y ver qué mensaje te traen los arcanos.

Fecha: ___/___/_____

Día 28

¿Has sentido qué nuevos deseos han surgido en este ciclo lunar? ¿Cuáles?

_____

_____

_____

_____

_____

_____

_____

_____

_____

¿Qué deseos te gustaría llevarte al ciclo lunar nuevo para seguir trabajando en ellos?

_____

_____

_____

_____

_____

_____

_____

_____

_____

Día 29

Es el día de expresarte con libertad, justo antes de la luna nueva. Descansa, medita, reflexiona… Dispones del siguiente espacio para expresarte a tu aire, ya sea escribiendo, dibujando, garabateando… Sigue tu instinto.

Día 1: Luna nueva

Fíjate en tus metas en los próximos 28 días en conjunto.
¿Qué te gustaría manifestar en este tiempo? Escríbelo en presente, como si ya lo hubieras conseguido.

_____

_____

_____

_____

_____

_____

_____

¿Qué cinco acciones principales puedes seguir para lograrlo?

1. _____

2. _____

3. _____

4. _____

5. _____

¿Cómo vas a premiarte cuando lo consigas?

_____

_____

_____

Fecha: ___/___/_____

Día 2

De las metas que definiste ayer, ¿cuál te parece más importante hoy y por qué?

META MÁS IMPORTANTE

_____

_____

Mi verdadero propósito para este ciclo lunar, por lo tanto, es:

_____

_____

_____

_____

_____

Sintetízalo en una palabra (con letra grande y bonita).

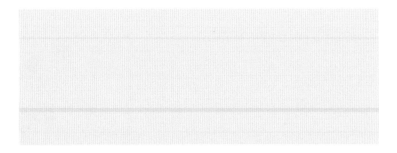

Día 3

¿Cómo sientes tu energía hoy?

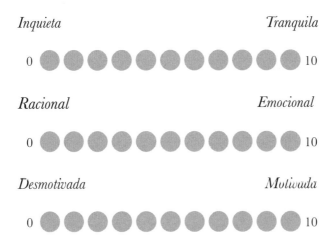

Inquieta   *Tranquila*

Racional   *Emocional*

Desmotivada   *Motivada*

Imagina que ya conseguiste tu objetivo. ¿Cómo te sientes al respecto? Sé clara.

_____

_____

_____

_____

_____

_____

_____

_____

_____

Fecha: ___/___/_____

Día 4: Creciente

¿Por qué has elegido precisamente este objetivo para este ciclo lunar?

_____

_____

_____

_____

_____

_____

_____

_____

_____

_____

_____

_____

_____

_____

_____

_____

_____

_____

_____

_____

_____

_____

_____

Día 5

Una vez conseguido y manifestado tu deseo, ¿lo emplearías para ayudar a los demás?

_____

_____

_____

_____

_____

_____

Apunta cinco causas por las que crees que estarías contribuyendo a crear un mundo mejor una vez logrado tu objetivo.

1. _____
2. _____
3. _____
4. _____
5. _____

¿Cuál crees que es más importante?

183

Fecha: ___/___/_____

Día 6

Hoy es un día para dar gracias. Agradece aquello que ya tengas en la vida, sea grande o pequeño.

_____
_____
_____
_____
_____
_____
_____
_____

Agradece también por lo que quieres manifestar como si ya lo tuvieras, en presente. Descríbelo de la manera más detallada posible.

_____
_____
_____
_____
_____
_____
_____
_____

Día 7

Hoy trataremos de centrar nuestra energía y conectar con nosotras mismas. Se puede hacer de muchas formas (rezando, meditando, usando alguna herramienta…). Yo te propongo el tarot.* Piensa en algo que te bloquee y escribe las respuestas sin darles muchas vueltas y de manera intuitiva.

1. _____
2. _____
3. _____
4. _____
5. _____

Escribe qué crees que significa la información que acabas de anotar. Puedes volver en unos días a revisarlo y sacar nuevas conclusiones.

_____
_____
_____
_____
_____
_____
_____

* Si quieres saber más sobre tarot, en mi libro *Mágicas* encontrarás una guía para iniciarte. Si utilizas esta herramienta, puedes sacar una carta para responder cada pregunta.

Fecha: ___/___/_____

Día 8: Cuarto creciente

¿Cómo sientes tu energía hoy?

1. _____
2. _____
3. _____
4. _____
5. _____

Identifica un obstáculo que te esté impidiendo llegar adonde quieres. Sintetízalo.

¿Qué acción (aunque sea pequeña) podrías tomar para vencer este obstáculo? Escríbela y simplemente actúa.

_____
_____
_____
_____
_____
_____

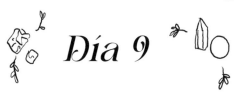

Día 9

¿Cómo sientes tu energía hoy?

_____

_____

_____

_____

Pensemos en el pequeño paso dado ayer.

¿Cómo te sentías antes de hacerlo?

_____

_____

_____

¿Cómo te sentiste después?

_____

_____

_____

Repite el mismo proceso de ayer con una acción nueva, aunque sea pequeña.

_____

_____

_____

Fecha: ___/___/_____

Día 10

Piensa en el pequeño paso de ayer y antes de ayer. Repite el proceso, pero prueba suerte y piensa en algo más fuera de tu zona de confort (por ejemplo, escribe a esa revista que te gusta explicándoles tu proyecto, aunque parezca imposible que te contesten).

¿Cómo te sentías antes de hacerlo?

_____

_____

_____

_____

¿Cómo te sentiste después?

_____

_____

_____

_____

¿Qué diferencia has notado entre un paso pequeño y este, menos apegado a la realidad?

_____

_____

_____

_____

Fecha: ___/ ___/ _____

Día 11: *Gibosa creciente*

¿Cómo andas de energía hoy?

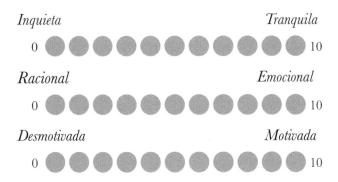

Inquieta   Tranquila

0 ●●●●●●●●●●● 10

Racional   Emocional

0 ●●●●●●●●●●● 10

Desmotivada   Motivada

0 ●●●●●●●●●●● 10

Desde que empezaste, ¿ha habido algún cambio en tu energía y tu ánimo?

_____

_____

_____

¿Qué acciones de estos días te han hecho sentir bien?

_____

_____

_____

¿Qué acciones de estos días te han hecho sentir peor o nada en especial?

_____

_____

_____

Fecha: ___/___/_____

Día 12

¿Has notado si alguno de los cambios, acciones o reflexiones ha tenido algún efecto en tu proceso de manifestación?

_____

_____

_____

_____

_____

_____

¿Sientes que en estos días has malgastado tiempo en algún asunto?

_____

_____

_____

_____

¿Qué acción te ha sido más útil y por qué?

_____

_____

_____

_____

Día 13

Estamos casi a la mitad del ciclo lunar. ¿Crees que tu manifestación se está comenzando a cumplir? Rodea la respuesta.

En cualquier caso, ¿por qué crees que es así? Da una respuesta detallada.

_____
_____
_____
_____
_____
_____
_____
_____
_____
_____
_____
_____
_____
_____
_____

Fecha: ___/___/_____

Día 14

Pide a tus personas más cercanas que te digan tres cualidades positivas sobre ti. Haz una lista a continuación.

_____   _____
_____   _____
_____   _____
_____   _____
_____   _____
_____   _____
_____   _____
_____   _____

¿Cuál es la más repetida?

_____
_____

¿Estás de acuerdo? ¿Por qué?

_____
_____
_____
_____

Día 15: Luna llena

Hoy haremos un ritual de luna llena para potenciar que nuestra manifestación se haga realidad. Apunta en un papel amarillo o dorado (y aquí en este recuadro, para que puedas recordarlo si quieres) la síntesis de tu manifestación.

Por la noche, enciende con una cerilla una vela blanca en un lugar con ventilación suficiente y quema el papelito mientras visualizas cómo el humo asciende y tu manifestación se entrega al universo. Luego, cierra los ojos e intenta centrarte en tu respiración, pensando en tu objetivo. ¿Cómo te sientes?

_____

_____

_____

_____

_____

_____

Fecha: ___/___/_____

✦❈✦ *Día 16* ✦❈✦

¿Mantienes algún sentimiento de rencor, culpa o de otro tipo que sientas que te está frenando? Escribe cómo crees que puedes dar un paso para dejarlo atrás.

_____
_____
_____
_____
_____

¿Qué necesitas perdonar?

_____
_____
_____
_____
_____

¿Qué necesitas perdonarte?

_____
_____
_____
_____

Día 17

¿Cuáles son las cuatro emociones principales que estás sintiendo estos días?

1. _____
2. _____
3. _____
4. _____

¿Qué estás aprendiendo de esas emociones?

_____
_____
_____
_____
_____
_____

Expresa tu agradecimiento por lo que estás aprendiendo de ti misma.

_____
_____
_____
_____
_____
_____

Fecha: ___/___/_____

Día 18

Piensa en tu objetivo de manifestación. ¿Ha cambiado tu visión sobre él? ¿En qué?

_____
_____
_____
_____
_____
_____
_____
_____

Si ha cambiado algo en tu deseo, es momento de dejarlo ir y dar las gracias por lo aprendido, para dejar espacio a las cosas que están alineadas contigo en este momento. Reflexiona qué cosa o cosas están menos alineadas contigo ahora.

_____
_____
_____
_____
_____
_____
_____

Día 19: Gibosa menguante

Recorta, dibuja o escribe fragmentos sobre cómo te gustaría verte en el futuro, después de desprenderte de lo que no te sirve, con este nuevo enfoque. La idea es expresarte de forma artística al respecto empleando elementos que ya formen parte de ti y añadiendo otros nuevos.

Día 20

¿Qué consejo fundamental darías a una amiga de lo que has aprendido en este ciclo hasta ahora? Resúmelo en una palabra y, después, explícalo.

_____

_____

_____

_____

_____

_____

_____

_____

_____

_____

_____

_____

_____

_____

_____

_____

Día 21

Dedica unos minutos a analizar cómo te sientes, a expresar tus emociones. Conecta con tu energía. Explícate.

_____
_____
_____
_____
_____
_____
_____
_____
_____
_____
_____
_____

Piensa en alguien (o algo) que esté en tu vida y te haga feliz. Escribe su nombre.

Fecha: ___/___/_____

Día 22: Cuarto menguante

¿Qué comportamientos nocivos has tenido últimamente que no te han dejado avanzar?

_____

_____

_____

_____

_____

_____

_____

_____

¿Cómo crees que podrías dejar de hacerlo? Piensa en un gesto pequeño que haga que te alejes de ese comportamiento. Escribe tu estrategia y ponla en práctica.

_____

_____

_____

_____

_____

_____

_____

_____

Día 23

¿Qué emociones sentiste ayer al analizar tus comportamientos nocivos?

_____

_____

_____

_____

_____

_____

_____

_____

Respira. Imagina que esos comportamientos ya no forman parte de ti. Enciende una vela blanca. Después, registra cómo te sientes.

_____

_____

_____

_____

_____

_____

_____

_____

Fecha: ___/___/_____

Día 24

Desde la luna llena, ¿a qué retos te has enfrentado?

_____
_____
_____
_____
_____
_____
_____
_____
_____

¿Qué has aprendido de ellos?

_____
_____
_____
_____
_____
_____
_____
_____
_____
_____

Día 25

¿Cómo te sientes hoy?

_____
_____
_____
_____
_____
_____
_____
_____
_____

Haz una lista de los motivos por los que estés agradecida y que ya estén en tu vida.

_____   _____
_____   _____
_____   _____
_____   _____
_____   _____
_____   _____
_____   _____
_____   _____
_____   _____

Fecha: ___/___/_____

Día 26: Menguante

Haz una lista de cosas que te gustan, de autocuidados para mimarte.

1. _____
2. _____
3. _____
4. _____
5. _____
6. _____
7. _____
8. _____

Elige un elemento de la lista y hazlo hoy.

¿Cómo te sentías antes de hacerlo?

_____
_____
_____
_____

¿Cómo te sientes después de hacerlo?

_____
_____
_____
_____

Día 27

Hoy vamos a conectar con el subconsciente. Puedes rezar, meditar o usar otra herramienta. Yo te propongo el tarot.* Pregúntate: ¿cómo puedo estar bien, tener abundancia?

Apunta tres ideas que te vengan a la mente encima de cada dibujo del reverso de la carta y luego trata de desarrollarlas.

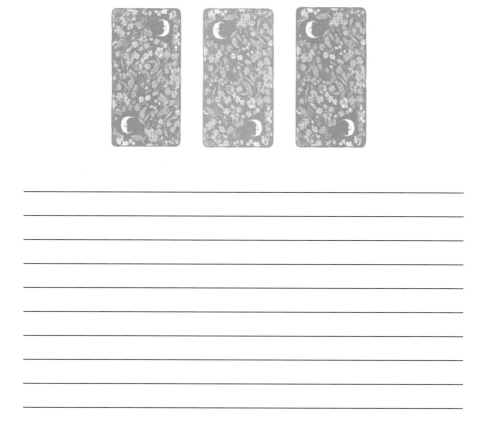

_____
_____
_____
_____
_____
_____
_____
_____
_____
_____

* Si quieres aprender más sobre tarot, te aconsejo mi libro ilustrado *Mágicas*. En este caso, puedes sacar una carta por idea y ver qué mensaje te traen los arcanos.

Fecha: ___/___/_____

Día 28

¿Has sentido qué nuevos deseos han surgido en este ciclo lunar? ¿Cuáles?

_____

_____

_____

_____

_____

_____

_____

_____

¿Qué deseos te gustaría llevarte al ciclo lunar nuevo para seguir trabajando en ellos?

_____

_____

_____

_____

_____

_____

_____

_____

Día 29

Es el día de expresarte con libertad, justo antes de la luna nueva. Descansa, medita, reflexiona… Dispones del siguiente espacio para expresarte a tu aire, ya sea escribiendo, dibujando, garabateando… Sigue tu instinto.

Fecha: ___/___/_____

Día 1: Luna nueva

Fíjate en tus metas en los próximos 28 días en conjunto.
¿Qué te gustaría manifestar en este tiempo? Escríbelo en presente, como si ya lo hubieras conseguido.

_____
_____
_____
_____
_____
_____
_____

¿Qué cinco acciones principales puedes seguir para lograrlo?

1. _____
2. _____
3. _____
4. _____
5. _____

¿Cómo vas a premiarte cuando lo consigas?

_____
_____
_____

209

Fecha: ___/___/_____

Día 2

De las metas que definiste ayer, ¿cuál te parece más importante hoy y por qué?

META MÁS IMPORTANTE

_____
_____

Mi verdadero propósito para este ciclo lunar, por lo tanto, es:

_____
_____
_____
_____
_____
_____

Sintetízalo en una palabra (con letra grande y bonita).

Día 3

¿Cómo sientes tu energía hoy?

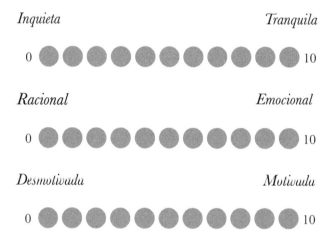

Inquieta   *Tranquila*

0 ●●●●●●●●●● 10

Racional   *Emocional*

0 ●●●●●●●●●● 10

Desmotivada   *Motivada*

0 ●●●●●●●●●● 10

Imagina que ya conseguiste tu objetivo. ¿Cómo te sientes al respecto? Sé clara.

_____

_____

_____

_____

_____

_____

_____

_____

_____

Fecha: ___/___/_____

Día 4: Creciente

¿Por qué has elegido precisamente este objetivo para este ciclo lunar?

_____

_____

_____

_____

_____

_____

_____

_____

_____

_____

_____

_____

_____

_____

_____

_____

_____

_____

_____

_____

_____

_____

Día 5

Una vez conseguido y manifestado tu deseo, ¿lo emplearías para ayudar a los demás?

_____
_____
_____
_____
_____
_____

Apunta cinco causas por las que crees que estarías contribuyendo a crear un mundo mejor una vez logrado tu objetivo.

1. _____
2. _____
3. _____
4. _____
5. _____

¿Cuál crees que es más importante?

Fecha: ___/___/_____

Día 6

Hoy es un día para dar gracias. Agradece aquello que ya tengas en la vida, sea grande o pequeño.

_____
_____
_____
_____
_____
_____
_____
_____
_____

Agradece también por lo que quieres manifestar como si ya lo tuvieras, en presente. Descríbelo de la manera más detallada posible.

_____
_____
_____
_____
_____
_____
_____
_____
_____

Día 7

Hoy trataremos de centrar nuestra energía y conectar con nosotras mismas. Se puede hacer de muchas formas (rezando, meditando, usando alguna herramienta…). Yo te propongo el tarot.* Piensa en algo que te bloquee y escribe las respuestas sin darles muchas vueltas y de manera intuitiva.

1. _____
2. _____
3. _____
4. _____
5. _____

Escribe qué crees que significa la información que acabas de anotar. Puedes volver en unos días a revisarlo y sacar nuevas conclusiones.

_____

_____

_____

_____

_____

_____

_____

* Si quieres saber más sobre tarot, en mi libro *Mágicas* encontrarás una guía para iniciarte. Si utilizas esta herramienta, puedes sacar una carta para responder cada pregunta.

Fecha: ___/___/_____

Día 8: Cuarto creciente

¿Cómo sientes tu energía hoy?

1. _____
2. _____
3. _____
4. _____
5. _____

Identifica un obstáculo que te esté impidiendo llegar adonde quieres. Sintetízalo.

¿Qué acción (aunque sea pequeña) podrías tomar para vencer este obstáculo? Escríbela y simplemente actúa.

_____
_____
_____
_____
_____
_____

Día 9

¿Cómo sientes tu energía hoy?

_____

_____

_____

_____

Pensemos en el pequeño paso dado ayer.

¿Cómo te sentías antes de hacerlo?

_____

_____

_____

¿Cómo te sentiste después?

_____

_____

_____

Repite el mismo proceso de ayer con una acción nueva, aunque sea pequeña.

_____

_____

_____

Día 10

Piensa en el pequeño paso de ayer y antes de ayer. Repite el proceso, pero prueba suerte y piensa en algo más fuera de tu zona de confort (por ejemplo, escribe a esa revista que te gusta explicándoles tu proyecto, aunque parezca imposible que te contesten).

¿Cómo te sentías antes de hacerlo?

_____
_____
_____
_____

¿Cómo te sentiste después?

_____
_____
_____
_____

¿Qué diferencia has notado entre un paso pequeño y este, menos apegado a la realidad?

_____
_____
_____
_____

Día 11: *Gibosa creciente*

¿Cómo andas de energía hoy?

Inquieta   Tranquila

0 ●●●●●●●●● 10

Racional   Emocional

0 ●●●●●●●●● 10

Desmotivada   Motivada

0 ●●●●●●●●● 10

Desde que empezaste, ¿ha habido algún cambio en tu energía y tu ánimo?

_____
_____
_____

¿Qué acciones de estos días te han hecho sentir bien?

_____
_____
_____

¿Qué acciones de estos días te han hecho sentir peor o nada en especial?

_____
_____
_____

Fecha: ___/___/_____

Día 12

¿Has notado si alguno de los cambios, acciones o reflexiones ha tenido algún efecto en tu proceso de manifestación?

_____
_____
_____
_____
_____
_____

¿Sientes que en estos días has malgastado tiempo en algún asunto?

_____
_____
_____
_____

¿Qué acción te ha sido más útil y por qué?

_____
_____
_____
_____

Día 13

Estamos casi a la mitad del ciclo lunar. ¿Crees que tu manifestación se está comenzando a cumplir? Rodea la respuesta.

Sí   No

En cualquier caso, ¿por qué crees que es así? Da una respuesta detallada.

_____

_____

_____

_____

_____

_____

_____

_____

_____

_____

_____

_____

_____

_____

Fecha: ___/___/_____

Día 14

Pide a tus personas más cercanas que te digan tres cualidades positivas sobre ti. Haz una lista a continuación.

_____   _____
_____   _____
_____   _____
_____   _____
_____   _____
_____   _____
_____   _____
_____   _____

¿Cuál es la más repetida?

_____
_____

¿Estás de acuerdo? ¿Por qué?

_____
_____
_____
_____

Día 15: Luna llena

Hoy haremos un ritual de luna llena para potenciar que nuestra manifestación se haga realidad. Apunta en un papel amarillo o dorado (y aquí en este recuadro, para que puedas recordarlo si quieres) la síntesis de tu manifestación.

Por la noche, enciende con una cerilla una vela blanca en un lugar con ventilación suficiente y quema el papelito mientras visualizas cómo el humo asciende y tu manifestación se entrega al universo. Luego, cierra los ojos e intenta centrarte en tu respiración, pensando en tu objetivo. ¿Cómo te sientes?

_____
_____
_____
_____
_____
_____

Fecha: ___/___/_____

Día 16

¿Mantienes algún sentimiento de rencor, culpa o de otro tipo que sientas que te está frenando? Escribe cómo crees que puedes dar un paso para dejarlo atrás.

_____
_____
_____
_____
_____

¿Qué necesitas perdonar?

_____
_____
_____
_____
_____

¿Qué necesitas perdonarte?

_____
_____
_____
_____

Día 17

¿Cuáles son las cuatro emociones principales que estás sintiendo estos días?

1. _____
2. _____
3. _____
4. _____

¿Qué estás aprendiendo de esas emociones?

_____
_____
_____
_____
_____
_____

Expresa tu agradecimiento por lo que estás aprendiendo de ti misma.

_____
_____
_____
_____
_____
_____

Fecha: ___/___/_____

Día 18

Piensa en tu objetivo de manifestación. ¿Ha cambiado tu visión sobre él? ¿En qué?

_____

_____

_____

_____

_____

_____

_____

_____

Si ha cambiado algo en tu deseo, es momento de dejarlo ir y dar las gracias por lo aprendido, para dejar espacio a las cosas que están alineadas contigo en este momento. Reflexiona qué cosa o cosas están menos alineadas contigo ahora.

_____

_____

_____

_____

_____

_____

_____

_____

Día 19: *Gibosa menguante*

Recorta, dibuja o escribe fragmentos sobre cómo te gustaría verte en el futuro, después de desprenderte de lo que no te sirve, con este nuevo enfoque. La idea es expresarte de forma artística al respecto empleando elementos que ya formen parte de ti y añadiendo otros nuevos.

Día 20

¿Qué consejo fundamental darías a una amiga de lo que has aprendido en este ciclo hasta ahora? Resúmelo en una palabra y, después, explícalo.

_____
_____
_____
_____
_____
_____
_____
_____
_____
_____
_____
_____
_____
_____

Día 21

Dedica unos minutos a analizar cómo te sientes, a expresar tus emociones. Conecta con tu energía. Explícate.

_____

_____

_____

_____

_____

_____

_____

_____

_____

_____

_____

_____

Piensa en alguien (o algo) que esté en tu vida y te haga feliz. Escribe su nombre.

Día 22: Cuarto menguante

¿Qué comportamientos nocivos has tenido últimamente que no te han dejado avanzar?

_____

_____

_____

_____

_____

_____

_____

¿Cómo crees que podrías dejar de hacerlo? Piensa en un gesto pequeño que haga que te alejes de ese comportamiento. Escribe tu estrategia y ponla en práctica.

_____

_____

_____

_____

_____

_____

_____

_____

Día 23

¿Qué emociones sentiste ayer al analizar tus comportamientos nocivos?

_____

_____

_____

_____

_____

_____

_____

_____

_____

Respira. Imagina que esos comportamientos ya no forman parte de ti. Enciende una vela blanca. Después, registra cómo te sientes.

_____

_____

_____

_____

_____

_____

_____

_____

_____

Fecha: ___/___/_____

Día 24

Desde la luna llena, ¿a qué retos te has enfrentado?

_____
_____
_____
_____
_____
_____
_____
_____
_____

¿Qué has aprendido de ellos?

_____
_____
_____
_____
_____
_____
_____
_____
_____
_____
_____

Día 25

¿Cómo te sientes hoy?

_____

_____

_____

_____

_____

_____

_____

_____

_____

Haz una lista de los motivos por los que estés agradecida y que ya estén en tu vida.

Fecha: ___/___/_____

Día 26: Menguante

Haz una lista de cosas que te gustan, de autocuidados para mimarte.

1. _____
2. _____
3. _____
4. _____
5. _____
6. _____
7. _____
8. _____

Elige un elemento de la lista y hazlo hoy.

¿Cómo te sentías antes de hacerlo?

_____
_____
_____
_____

¿Cómo te sientes después de hacerlo?

_____
_____
_____
_____

Día 27

Hoy vamos a conectar con el subconsciente. Puedes rezar, meditar o usar otra herramienta. Yo te propongo el tarot.* Pregúntate: ¿cómo puedo estar bien, tener abundancia?

Apunta tres ideas que te vengan a la mente encima de cada dibujo del reverso de la carta y luego trata de desarrollarlas.

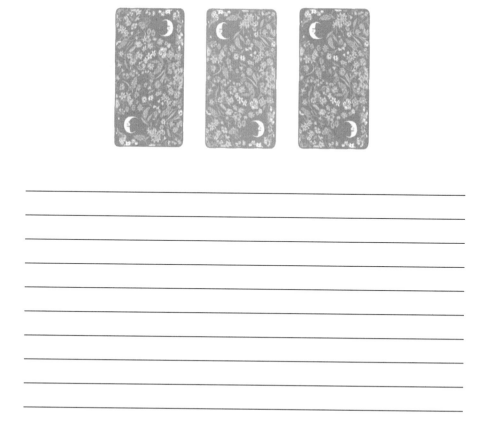

_____

_____

_____

_____

_____

_____

_____

_____

_____

_____

* Si quieres aprender más sobre tarot, te aconsejo mi libro ilustrado *Mágicas*. En este caso, puedes sacar una carta por idea y ver qué mensaje te traen los arcanos.

Fecha: ___/ ___/ _____

Día 28

¿Has sentido qué nuevos deseos han surgido en este ciclo lunar? ¿Cuáles?

_____

_____

_____

_____

_____

_____

_____

_____

¿Qué deseos te gustaría llevarte al ciclo lunar nuevo para seguir trabajando en ellos?

_____

_____

_____

_____

_____

_____

_____

_____

Día 29

Es el día de expresarte con libertad, justo antes de la luna nueva. Descansa, medita, reflexiona… Dispones del siguiente espacio para expresarte a tu aire, ya sea escribiendo, dibujando, garabateando… Sigue tu instinto.

Día 1: Luna nueva

Fíjate en tus metas en los próximos 28 días en conjunto.
¿Qué te gustaría manifestar en este tiempo? Escríbelo en presente, como si ya lo hubieras conseguido.

_____

_____

_____

_____

_____

_____

_____

¿Qué cinco acciones principales puedes seguir para lograrlo?

1. _____
2. _____
3. _____
4. _____
5. _____

¿Cómo vas a premiarte cuando lo consigas?

_____

_____

_____

Fecha: ___/ ___/ _____

Día 2

De las metas que definiste ayer, ¿cuál te parece más importante hoy y por qué?

META MÁS IMPORTANTE

_____

_____

Mi verdadero propósito para este ciclo lunar, por lo tanto, es:

_____

_____

_____

_____

_____

Sintetízalo en una palabra (con letra grande y bonita).

Día 3

¿Cómo sientes tu energía hoy?

Inquieta   *Tranquila*

0 ●●●●●●●●●●● 10

Racional   *Emocional*

0 ●●●●●●●●●●● 10

Desmotivada   *Motivada*

0 ●●●●●●●●●●● 10

Imagina que ya conseguiste tu objetivo. ¿Cómo te sientes al respecto? Sé clara.

_____

_____

_____

_____

_____

_____

_____

_____

_____

Fecha: ___/___/_____

Día 4: Creciente

¿Por qué has elegido precisamente este objetivo para este ciclo lunar?

_____

_____

_____

_____

_____

_____

_____

_____

_____

_____

_____

_____

_____

_____

_____

_____

_____

_____

_____

_____

_____

_____

Día 5

Una vez conseguido y manifestado tu deseo, ¿lo emplearías para ayudar a los demás?

_____
_____
_____
_____
_____
_____

Apunta cinco causas por las que crees que estarías contribuyendo a crear un mundo mejor una vez logrado tu objetivo.

1. _____
2. _____
3. _____
4. _____
5. _____

¿Cuál crees que es más importante?

Fecha: ___/___/_____

Día 6

Hoy es un día para dar gracias. Agradece aquello que ya tengas en la vida, sea grande o pequeño.

_____

_____

_____

_____

_____

_____

_____

_____

Agradece también por lo que quieres manifestar como si ya lo tuvieras, en presente. Descríbelo de la manera más detallada posible.

_____

_____

_____

_____

_____

_____

_____

_____

_____

Día 7

Hoy trataremos de centrar nuestra energía y conectar con nosotras mismas. Se puede hacer de muchas formas (rezando, meditando, usando alguna herramienta…). Yo te propongo el tarot.* Piensa en algo que te bloquee y escribe las respuestas sin darles muchas vueltas y de manera intuitiva.

1. _____
2. _____
3. _____
4. _____
5. _____

Escribe qué crees que significa la información que acabas de anotar. Puedes volver en unos días a revisarlo y sacar nuevas conclusiones.

_____

_____

_____

_____

_____

_____

_____

* Si quieres saber más sobre tarot, en mi libro *Mágicas* encontrarás una guía para iniciarte. Si utilizas esta herramienta, puedes sacar una carta para responder cada pregunta.

Fecha: ___/___/_____

Día 8: Cuarto creciente

¿Cómo sientes tu energía hoy?

1. _____
2. _____
3. _____
4. _____
5. _____

Identifica un obstáculo que te esté impidiendo llegar adonde quieres. Sintetízalo.

¿Qué acción (aunque sea pequeña) podrías tomar para vencer este obstáculo? Escríbela y simplemente actúa.

_____
_____
_____
_____
_____
_____

Día 9

¿Cómo sientes tu energía hoy?

_____

_____

_____

_____

Pensemos en el pequeño paso dado ayer.

¿Cómo te sentías antes de hacerlo?

_____

_____

_____

¿Cómo te sentiste después?

_____

_____

_____

Repite el mismo proceso de ayer con una acción nueva, aunque sea pequeña.

_____

_____

_____

Día 10

Piensa en el pequeño paso de ayer y antes de ayer. Repite el proceso, pero prueba suerte y piensa en algo más fuera de tu zona de confort (por ejemplo, escribe a esa revista que te gusta explicándoles tu proyecto, aunque parezca imposible que te contesten).

¿Cómo te sentías antes de hacerlo?

_____

_____

_____

_____

¿Cómo te sentiste después?

_____

_____

_____

_____

¿Qué diferencia has notado entre un paso pequeño y este, menos apegado a la realidad?

_____

_____

_____

_____

Día 11: *Gibosa creciente*

¿Cómo andas de energía hoy?

Inquieta — *Tranquila*
0 ●●●●●●●●●● 10

Racional — *Emocional*
0 ●●●●●●●●●● 10

Desmotivada — *Motivada*
0 ●●●●●●●●●● 10

Desde que empezaste, ¿ha habido algún cambio en tu energía y tu ánimo?

_____
_____
_____

¿Qué acciones de estos días te han hecho sentir bien?

_____
_____
_____

¿Qué acciones de estos días te han hecho sentir peor o nada en especial?

_____
_____
_____

Fecha: ___/___/_____

Día 12

¿Has notado si alguno de los cambios, acciones o reflexiones ha tenido algún efecto en tu proceso de manifestación?

_____
_____
_____
_____
_____
_____

¿Sientes que en estos días has malgastado tiempo en algún asunto?

_____
_____
_____
_____

¿Qué acción te ha sido más útil y por qué?

_____
_____
_____
_____

Día 13

Estamos casi a la mitad del ciclo lunar. ¿Crees que tu manifestación se está comenzando a cumplir? Rodea la respuesta.

En cualquier caso, ¿por qué crees que es así? Da una respuesta detallada.

_____
_____
_____
_____
_____
_____
_____
_____
_____
_____
_____
_____
_____
_____

Fecha: ___/___/_____

Día 14

Pide a tus personas más cercanas que te digan tres cualidades positivas sobre ti. Haz una lista a continuación.

_____   _____
_____   _____
_____   _____
_____   _____
_____   _____
_____   _____
_____   _____
_____   _____

¿Cuál es la más repetida?

_____
_____

¿Estás de acuerdo? ¿Por qué?

_____
_____
_____
_____

Día 15: Luna llena

Hoy haremos un ritual de luna llena para potenciar que nuestra manifestación se haga realidad. Apunta en un papel amarillo o dorado (y aquí en este recuadro, para que puedas recordarlo si quieres) la síntesis de tu manifestación.

Por la noche, enciende con una cerilla una vela blanca en un lugar con ventilación suficiente y quema el papelito mientras visualizas cómo el humo asciende y tu manifestación se entrega al universo. Luego, cierra los ojos e intenta centrarte en tu respiración, pensando en tu objetivo. ¿Cómo te sientes?

_____

_____

_____

_____

_____

_____

Fecha: ___/___/_____

Día 16

¿Mantienes algún sentimiento de rencor, culpa o de otro tipo que sientas que te está frenando? Escribe cómo crees que puedes dar un paso para dejarlo atrás.

_____
_____
_____
_____
_____

¿Qué necesitas perdonar?

_____
_____
_____
_____
_____

¿Qué necesitas perdonarte?

_____
_____
_____
_____

Fecha: ___/___/_____

Día 17

¿Cuáles son las cuatro emociones principales que estás sintiendo estos días?

1. _____
2. _____
3. _____
4. _____

¿Qué estás aprendiendo de esas emociones?

_____
_____
_____
_____
_____
_____

Expresa tu agradecimiento por lo que estás aprendiendo de ti misma.

_____
_____
_____
_____
_____
_____

Fecha: ___/___/_____

Día 18

Piensa en tu objetivo de manifestación. ¿Ha cambiado tu visión sobre él? ¿En qué?

_____

_____

_____

_____

_____

_____

_____

_____

Si ha cambiado algo en tu deseo, es momento de dejarlo ir y dar las gracias por lo aprendido, para dejar espacio a las cosas que están alineadas contigo en este momento. Reflexiona qué cosa o cosas están menos alineadas contigo ahora.

_____

_____

_____

_____

_____

_____

_____

_____

Día 19: *Gibosa menguante*

Recorta, dibuja o escribe fragmentos sobre cómo te gustaría verte en el futuro, después de desprenderte de lo que no te sirve, con este nuevo enfoque. La idea es expresarte de forma artística al respecto empleando elementos que ya formen parte de ti y añadiendo otros nuevos.

Fecha: ___/___/_____

Día 20

¿Qué consejo fundamental darías a una amiga de lo que has aprendido en este ciclo hasta ahora? Resúmelo en una palabra y, después, explícalo.

_____

_____

_____

_____

_____

_____

_____

_____

_____

_____

_____

_____

_____

_____

_____

Día 21

Dedica unos minutos a analizar cómo te sientes, a expresar tus emociones. Conecta con tu energía. Explícate.

_____
_____
_____
_____
_____
_____
_____
_____
_____
_____
_____

Piensa en alguien (o algo) que esté en tu vida y te haga feliz. Escribe su nombre.

Fecha: ___/___/_____

Día 22: Cuarto menguante

¿Qué comportamientos nocivos has tenido últimamente que no te han dejado avanzar?

_____

_____

_____

_____

_____

_____

_____

¿Cómo crees que podrías dejar de hacerlo? Piensa en un gesto pequeño que haga que te alejes de ese comportamiento. Escribe tu estrategia y ponla en práctica.

_____

_____

_____

_____

_____

_____

_____

_____

Día 23

¿Qué emociones sentiste ayer al analizar tus comportamientos nocivos?

_____

_____

_____

_____

_____

_____

_____

_____

_____

Respira. Imagina que esos comportamientos ya no forman parte de ti. Enciende una vela blanca. Después, registra cómo te sientes.

_____

_____

_____

_____

_____

_____

_____

_____

_____

Fecha: ___/___/_____

Día 24

Desde la luna llena, ¿a qué retos te has enfrentado?

_____
_____
_____
_____
_____
_____
_____
_____
_____

¿Qué has aprendido de ellos?

_____
_____
_____
_____
_____
_____
_____
_____
_____
_____

Día 25

¿Cómo te sientes hoy?

_____

_____

_____

_____

_____

_____

_____

_____

_____

Haz una lista de los motivos por los que estés agradecida y que ya estén en tu vida.

_____ _____

_____ _____

_____ _____

_____ _____

_____ _____

_____ _____

_____ _____

_____ _____

_____ _____

Día 26: Menguante

Haz una lista de cosas que te gustan, de autocuidados para mimarte.

1. _____
2. _____
3. _____
4. _____
5. _____
6. _____
7. _____
8. _____

Elige un elemento de la lista y hazlo hoy.

¿Cómo te sentías antes de hacerlo?

_____
_____
_____
_____

¿Cómo te sientes después de hacerlo?

_____
_____
_____
_____

Día 27

Hoy vamos a conectar con el subconsciente. Puedes rezar, meditar o usar otra herramienta. Yo te propongo el tarot.* Pregúntate: ¿cómo puedo estar bien, tener abundancia?

Apunta tres ideas que te vengan a la mente encima de cada dibujo del reverso de la carta y luego trata de desarrollarlas.

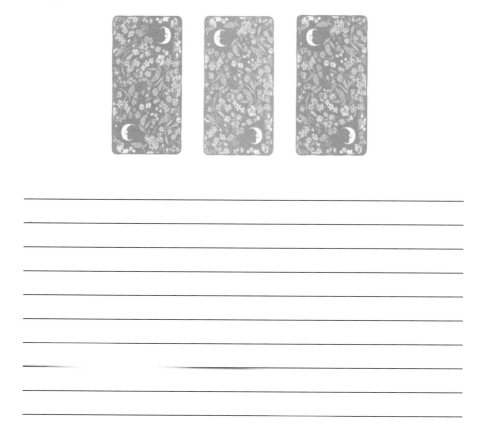

_____
_____
_____
_____
_____
_____
_____
_____
_____
_____

* Si quieres aprender más sobre tarot, te aconsejo mi libro ilustrado *Mágicas*. En este caso, puedes sacar una carta por idea y ver qué mensaje te traen los arcanos.

Fecha: ___/ ___/ _____

Día 28

¿Has sentido qué nuevos deseos han surgido en este ciclo lunar? ¿Cuáles?

_____

_____

_____

_____

_____

_____

_____

_____

¿Qué deseos te gustaría llevarte al ciclo lunar nuevo para seguir trabajando en ellos?

_____

_____

_____

_____

_____

_____

_____

_____

Día 29

Es el día de expresarte con libertad, justo antes de la luna nueva. Descansa, medita, reflexiona… Dispones del siguiente espacio para expresarte a tu aire, ya sea escribiendo, dibujando, garabateando… Sigue tu instinto.

Día 1: Luna nueva

Fíjate en tus metas en los próximos 28 días en conjunto.
¿Qué te gustaría manifestar en este tiempo? Escríbelo en presente, como si ya lo hubieras conseguido.

_____

_____

_____

_____

_____

_____

_____

¿Qué cinco acciones principales puedes seguir para lograrlo?

1. _____

2. _____

3. _____

4. _____

5. _____

¿Cómo vas a premiarte cuando lo consigas?

_____

_____

_____

Fecha: ___/___/_____

Día 2

De las metas que definiste ayer, ¿cuál te parece más importante hoy y por qué?

META MÁS IMPORTANTE

_____
_____

Mi verdadero propósito para este ciclo lunar, por lo tanto, es:

_____
_____
_____
_____
_____
_____

Sintetízalo en una palabra (con letra grande y bonita).

Día 3

¿Cómo sientes tu energía hoy?

Inquieta   *Tranquila*

0 ●●●●●●●●●●● 10

Racional   *Emocional*

0 ●●●●●●●●●●● 10

Desmotivada   *Motivada*

0 ●●●●●●●●●●● 10

Imagina que ya conseguiste tu objetivo. ¿Cómo te sientes al respecto? Sé clara.

_____

_____

_____

_____

_____

_____

_____

_____

_____

Fecha: ___/___/_____

Día 4: Creciente

¿Por qué has elegido precisamente este objetivo para este ciclo lunar?

_____
_____
_____
_____
_____
_____
_____
_____
_____
_____
_____
_____
_____
_____
_____
_____
_____
_____
_____
_____
_____
_____
_____
_____

Día 5

Una vez conseguido y manifestado tu deseo, ¿lo emplearías para ayudar a los demás?

_____

_____

_____

_____

_____

_____

Apunta cinco causas por las que crees que estarías contribuyendo a crear un mundo mejor una vez logrado tu objetivo.

1. _____
2. _____
3. _____
4. _____
5. _____

¿Cuál crees que es más importante?

Fecha: ___/___/_____

Día 6

Hoy es un día para dar gracias. Agradece aquello que ya tengas en la vida, sea grande o pequeño.

_____

_____

_____

_____

_____

_____

_____

_____

Agradece también por lo que quieres manifestar como si ya lo tuvieras, en presente. Descríbelo de la manera más detallada posible.

_____

_____

_____

_____

_____

_____

_____

_____

Día 7

Hoy trataremos de centrar nuestra energía y conectar con nosotras mismas. Se puede hacer de muchas formas (rezando, meditando, usando alguna herramienta…). Yo te propongo el tarot.* Piensa en algo que te bloquee y escribe las respuestas sin darles muchas vueltas y de manera intuitiva.

1. _____
2. _____
3. _____
4. _____
5. _____

Escribe qué crees que significa la información que acabas de anotar. Puedes volver en unos días a revisarlo y sacar nuevas conclusiones.

_____
_____
_____
_____
_____
_____
_____

* Si quieres saber más sobre tarot, en mi libro *Mágicas* encontrarás una guía para iniciarte. Si utilizas esta herramienta, puedes sacar una carta para responder cada pregunta.

Fecha: ___/ ___/ _____

Día 8: Cuarto creciente

¿Cómo sientes tu energía hoy?

1. _____
2. _____
3. _____
4. _____
5. _____

Identifica un obstáculo que te esté impidiendo llegar adonde quieres. Sintetízalo.

¿Qué acción (aunque sea pequeña) podrías tomar para vencer este obstáculo? Escríbela y simplemente actúa.

_____
_____
_____
_____
_____
_____

Día 9

¿Cómo sientes tu energía hoy?

_____
_____
_____
_____

Pensemos en el pequeño paso dado ayer.

¿Cómo te sentías antes de hacerlo?

_____
_____
_____

¿Cómo te sentiste después?

_____
_____
_____

Repite el mismo proceso de ayer con una acción nueva, aunque sea pequeña.

_____
_____
_____

Día 10

Piensa en el pequeño paso de ayer y antes de ayer. Repite el proceso, pero prueba suerte y piensa en algo más fuera de tu zona de confort (por ejemplo, escribe a esa revista que te gusta explicándoles tu proyecto, aunque parezca imposible que te contesten).

¿Cómo te sentías antes de hacerlo?

_____

_____

_____

_____

¿Cómo te sentiste después?

_____

_____

_____

_____

¿Qué diferencia has notado entre un paso pequeño y este, menos apegado a la realidad?

_____

_____

_____

_____

Día 11: *Gibosa creciente*

¿Cómo andas de energía hoy?

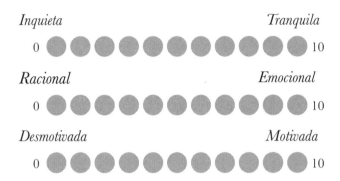

Inquieta   Tranquila

0 ●●●●●●●●●● 10

Racional   Emocional

0 ●●●●●●●●●● 10

Desmotivada   Motivada

0 ●●●●●●●●●● 10

Desde que empezaste, ¿ha habido algún cambio en tu energía y tu ánimo?

_____

_____

_____

¿Qué acciones de estos días te han hecho sentir bien?

_____

_____

_____

¿Qué acciones de estos días te han hecho sentir peor o nada en especial?

_____

_____

_____

Fecha: ___/___/_____

Día 12

¿Has notado si alguno de los cambios, acciones o reflexiones ha tenido algún efecto en tu proceso de manifestación?

_____

_____

_____

_____

_____

_____

¿Sientes que en estos días has malgastado tiempo en algún asunto?

_____

_____

_____

_____

¿Qué acción te ha sido más útil y por qué?

_____

_____

_____

_____

Día 13

Estamos casi a la mitad del ciclo lunar. ¿Crees que tu manifestación se está comenzando a cumplir? Rodea la respuesta.

Sí   No

En cualquier caso, ¿por qué crees que es así? Da una respuesta detallada.

_____

_____

_____

_____

_____

_____

_____

_____

_____

_____

_____

_____

Fecha: ___/___/_____

 *Día 14*

Pide a tus personas más cercanas que te digan tres cualidades positivas sobre ti. Haz una lista a continuación.

_____   _____
_____   _____
_____   _____
_____   _____
_____   _____
_____   _____
_____   _____
_____   _____

¿Cuál es la más repetida?

_____
_____

¿Estás de acuerdo? ¿Por qué?

_____
_____
_____
_____

282

Día 15: Luna llena

Hoy haremos un ritual de luna llena para potenciar que nuestra manifestación se haga realidad. Apunta en un papel amarillo o dorado (y aquí en este recuadro, para que puedas recordarlo si quieres) la síntesis de tu manifestación.

Por la noche, enciende con una cerilla una vela blanca en un lugar con ventilación suficiente y quema el papelito mientras visualizas cómo el humo asciende y tu manifestación se entrega al universo. Luego, cierra los ojos e intenta centrarte en tu respiración, pensando en tu objetivo. ¿Cómo te sientes?

_____

_____

_____

_____

_____

_____

Fecha: ___/___/_____

✿ Día 16 ✿

¿Mantienes algún sentimiento de rencor, culpa o de otro tipo que sientas que te está frenando? Escribe cómo crees que puedes dar un paso para dejarlo atrás.

_____
_____
_____
_____
_____

¿Qué necesitas perdonar?

_____
_____
_____
_____
_____

¿Qué necesitas perdonarte?

_____
_____
_____
_____

Día 17

¿Cuáles son las cuatro emociones principales que estás sintiendo estos días?

1. _____
2. _____
3. _____
4. _____

¿Qué estás aprendiendo de esas emociones?

_____
_____
_____
_____
_____
_____

Expresa tu agradecimiento por lo que estás aprendiendo de ti misma.

_____
_____
_____
_____
_____
_____

Fecha: ___/___/_____

Día 18

Piensa en tu objetivo de manifestación. ¿Ha cambiado tu visión sobre él? ¿En qué?

_____
_____
_____
_____
_____
_____
_____
_____

Si ha cambiado algo en tu deseo, es momento de dejarlo ir y dar las gracias por lo aprendido, para dejar espacio a las cosas que están alineadas contigo en este momento. Reflexiona qué cosa o cosas están menos alineadas contigo ahora.

_____
_____
_____
_____
_____
_____
_____

Fecha: ___/___/_____

Día 19: *Gíbosa menguante*

Recorta, dibuja o escribe fragmentos sobre cómo te gustaría verte en el futuro, después de desprenderte de lo que no te sirve, con este nuevo enfoque. La idea es expresarte de forma artística al respecto empleando elementos que ya formen parte de ti y añadiendo otros nuevos.

Fecha: ___/ ___/ _____

Día 20

¿Qué consejo fundamental darías a una amiga de lo que has aprendido en este ciclo hasta ahora? Resúmelo en una palabra y, después, explícalo.

Día 21

Dedica unos minutos a analizar cómo te sientes, a expresar tus emociones. Conecta con tu energía. Explícate.

_____
_____
_____
_____
_____
_____
_____
_____
_____
_____
_____
_____

Piensa en alguien (o algo) que esté en tu vida y te haga feliz. Escribe su nombre.

Fecha: ___/___/_____

Día 22: Cuarto menguante

¿Qué comportamientos nocivos has tenido últimamente que no te han dejado avanzar?

_____
_____
_____
_____
_____
_____
_____
_____

¿Cómo crees que podrías dejar de hacerlo? Piensa en un gesto pequeño que haga que te alejes de ese comportamiento. Escribe tu estrategia y ponla en práctica.

_____
_____
_____
_____
_____
_____
_____
_____

Día 23

¿Qué emociones sentiste ayer al analizar tus comportamientos nocivos?

_____

_____

_____

_____

_____

_____

_____

_____

_____

Respira. Imagina que esos comportamientos ya no forman parte de ti. Enciende una vela blanca. Después, registra cómo te sientes.

_____

_____

_____

_____

_____

_____

_____

_____

Fecha: ___/___/_____

Día 24

Desde la luna llena, ¿a qué retos te has enfrentado?

_____
_____
_____
_____
_____
_____
_____
_____
_____

¿Qué has aprendido de ellos?

_____
_____
_____
_____
_____
_____
_____
_____
_____
_____

Día 25

¿Cómo te sientes hoy?

_____
_____
_____
_____
_____
_____
_____
_____
_____

Haz una lista de los motivos por los que estés agradecida y que ya estén en tu vida.

_____   _____
_____   _____
_____   _____
_____   _____
_____   _____
_____   _____
_____   _____
_____   _____
_____   _____

Fecha: ___ / ___ / _____

Día 26: Menguante

Haz una lista de cosas que te gustan, de autocuidados para mimarte.

1. _____
2. _____
3. _____
4. _____
5. _____
6. _____
7. _____
8. _____

Elige un elemento de la lista y hazlo hoy.

¿Cómo te sentías antes de hacerlo?

_____
_____
_____
_____

¿Cómo te sientes después de hacerlo?

_____
_____
_____
_____

Día 27

Hoy vamos a conectar con el subconsciente. Puedes rezar, meditar o usar otra herramienta. Yo te propongo el tarot.* Pregúntate: ¿cómo puedo estar bien, tener abundancia?

Apunta tres ideas que te vengan a la mente encima de cada dibujo del reverso de la carta y luego trata de desarrollarlas.

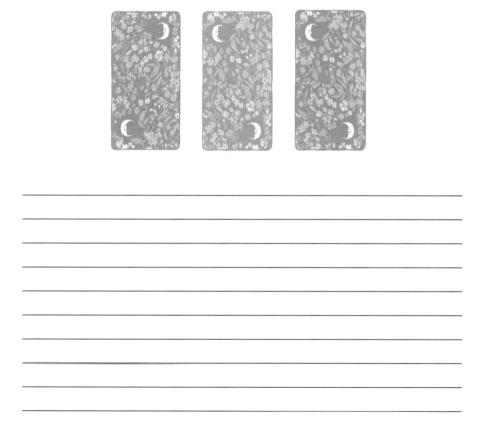

_____
_____
_____
_____
_____
_____
_____
_____
_____
_____

* Si quieres aprender más sobre tarot, te aconsejo mi libro ilustrado *Mágicas*. En este caso, puedes sacar una carta por idea y ver qué mensaje te traen los arcanos.

Fecha: ___/ ___/ _____

Día 28

¿Has sentido qué nuevos deseos han surgido en este ciclo lunar? ¿Cuáles?

_____

_____

_____

_____

_____

_____

_____

_____

_____

¿Qué deseos te gustaría llevarte al ciclo lunar nuevo para seguir trabajando en ellos?

_____

_____

_____

_____

_____

_____

_____

_____

_____

Día 29

Es el día de expresarte con libertad, justo antes de la luna nueva. Descansa, medita, reflexiona… Dispones del siguiente espacio para expresarte a tu aire, ya sea escribiendo, dibujando, garabateando… Sigue tu instinto.

Día 1: Luna nueva

Fíjate en tus metas en los próximos 28 días en conjunto.
¿Qué te gustaría manifestar en este tiempo? Escríbelo en presente, como si ya lo hubieras conseguido.

_____
_____
_____
_____
_____
_____
_____

¿Qué cinco acciones principales puedes seguir para lograrlo?

1. _____
2. _____
3. _____
4. _____
5. _____

¿Cómo vas a premiarte cuando lo consigas?

_____
_____
_____

Fecha: ___/___/_____

Día 2

De las metas que definiste ayer, ¿cuál te parece más importante hoy y por qué?

META MÁS IMPORTANTE

_____

_____

Mi verdadero propósito para este ciclo lunar, por lo tanto, es:

_____

_____

_____

_____

_____

_____

Sintetízalo en una palabra (con letra grande y bonita).

Día 3

¿Cómo sientes tu energía hoy?

Inquieta   *Tranquila*

0 ●●●●●●●●●● 10

Racional   *Emocional*

0 ●●●●●●●●●● 10

Desmotivada   *Motivada*

0 ●●●●●●●●●● 10

Imagina que ya conseguiste tu objetivo. ¿Cómo te sientes al respecto? Sé clara.

_____

_____

_____

_____

_____

_____

_____

_____

Fecha: ___/___/_____

Día 4: Creciente

¿Por qué has elegido precisamente este objetivo para este ciclo lunar?

_____

_____

_____

_____

_____

_____

_____

_____

_____

_____

_____

_____

_____

_____

_____

_____

_____

_____

_____

_____

_____

_____

_____

_____

Día 5

Una vez conseguido y manifestado tu deseo, ¿lo emplearías para ayudar a los demás?

_____
_____
_____
_____
_____
_____

Apunta cinco causas por las que crees que estarías contribuyendo a crear un mundo mejor una vez logrado tu objetivo.

1. _____
2. _____
3. _____
4. _____
5. _____

¿Cuál crees que es más importante?

Día 6

Hoy es un día para dar gracias. Agradece aquello que ya tengas en la vida, sea grande o pequeño.

_____
_____
_____
_____
_____
_____
_____
_____
_____

Agradece también por lo que quieres manifestar como si ya lo tuvieras, en presente. Descríbelo de la manera más detallada posible.

_____
_____
_____
_____
_____
_____
_____
_____
_____

Día 7

Hoy trataremos de centrar nuestra energía y conectar con nosotras mismas. Se puede hacer de muchas formas (rezando, meditando, usando alguna herramienta…). Yo te propongo el tarot.* Piensa en algo que te bloquee y escribe las respuestas sin darles muchas vueltas y de manera intuitiva.

1. _____
2. _____
3. _____
4. _____
5. _____

Escribe qué crees que significa la información que acabas de anotar. Puedes volver en unos días a revisarlo y sacar nuevas conclusiones.

_____
_____
_____
_____
_____
_____
_____

* Si quieres saber más sobre tarot, en mi libro *Mágicas* encontrarás una guía para iniciarte. Si utilizas esta herramienta, puedes sacar una carta para responder cada pregunta.

Fecha: ___/___/____

Día 8: Cuarto creciente

¿Cómo sientes tu energía hoy?

1. _____
2. _____
3. _____
4. _____
5. _____

Identifica un obstáculo que te esté impidiendo llegar adonde quieres. Sintetízalo.

¿Qué acción (aunque sea pequeña) podrías tomar para vencer este obstáculo? Escríbela y simplemente actúa.

_____
_____
_____
_____
_____
_____

Día 9

¿Cómo sientes tu energía hoy?

_____
_____
_____
_____

Pensemos en el pequeño paso dado ayer.

¿Cómo te sentías antes de hacerlo?

_____
_____
_____

¿Cómo te sentiste después?

_____
_____
_____

Repite el mismo proceso de ayer con una acción nueva, aunque sea pequeña.

_____
_____
_____

Fecha: ___/___/_____

Día 10

Piensa en el pequeño paso de ayer y antes de ayer. Repite el proceso, pero prueba suerte y piensa en algo más fuera de tu zona de confort (por ejemplo, escribe a esa revista que te gusta explicándoles tu proyecto, aunque parezca imposible que te contesten).

¿Cómo te sentías antes de hacerlo?

_____

_____

_____

_____

¿Cómo te sentiste después?

_____

_____

_____

_____

¿Qué diferencia has notado entre un paso pequeño y este, menos apegado a la realidad?

_____

_____

_____

_____

Día 11: Gibosa creciente

¿Cómo andas de energía hoy?

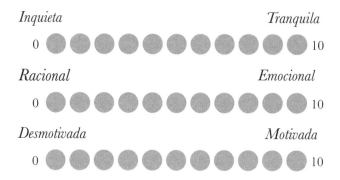

Inquieta · Tranquila
0 ●●●●●●●●●● 10

Racional · Emocional
0 ●●●●●●●●●● 10

Desmotivada · Motivada
0 ●●●●●●●●●● 10

Desde que empezaste, ¿ha habido algún cambio en tu energía y tu ánimo?

_____

_____

_____

¿Qué acciones de estos días te han hecho sentir bien?

_____

_____

_____

¿Qué acciones de estos días te han hecho sentir peor o nada en especial?

_____

_____

_____

Fecha: ___/___/_____

Día 12

¿Has notado si alguno de los cambios, acciones o reflexiones ha tenido algún efecto en tu proceso de manifestación?

_____

_____

_____

_____

_____

_____

¿Sientes que en estos días has malgastado tiempo en algún asunto?

_____

_____

_____

_____

¿Qué acción te ha sido más útil y por qué?

_____

_____

_____

_____

Día 13

Estamos casi a la mitad del ciclo lunar. ¿Crees que tu manifestación se está comenzando a cumplir? Rodea la respuesta.

En cualquier caso, ¿por qué crees que es así? Da una respuesta detallada.

_____
_____
_____
_____
_____
_____
_____
_____
_____
_____
_____
_____
_____

Fecha: ___/___/_____

Día 14

Pide a tus personas más cercanas que te digan tres cualidades positivas sobre ti. Haz una lista a continuación.

_____   _____
_____   _____
_____   _____
_____   _____
_____   _____
_____   _____
_____   _____
_____

¿Cuál es la más repetida?

_____
_____

¿Estás de acuerdo? ¿Por qué?

_____
_____
_____
_____

Día 15: Luna llena

Hoy haremos un ritual de luna llena para potenciar que nuestra manifestación se haga realidad. Apunta en un papel amarillo o dorado (y aquí en este recuadro, para que puedas recordarlo si quieres) la síntesis de tu manifestación.

Por la noche, enciende con una cerilla una vela blanca en un lugar con ventilación suficiente y quema el papelito mientras visualizas cómo el humo asciende y tu manifestación se entrega al universo. Luego, cierra los ojos e intenta centrarte en tu respiración, pensando en tu objetivo. ¿Cómo te sientes?

_____
_____
_____
_____
_____
_____

Fecha: ___/___/_____

❧ *Día 16* ❧

¿Mantienes algún sentimiento de rencor, culpa o de otro tipo que sientas que te está frenando? Escribe cómo crees que puedes dar un paso para dejarlo atrás.

_____
_____
_____
_____
_____

¿Qué necesitas perdonar?

_____
_____
_____
_____
_____

¿Qué necesitas perdonarte?

_____
_____
_____
_____

Día 17

¿Cuáles son las cuatro emociones principales que estás sintiendo estos días?

1. _____

2. _____

3. _____

4. _____

¿Qué estás aprendiendo de esas emociones?

_____

_____

_____

_____

_____

_____

Expresa tu agradecimiento por lo que estás aprendiendo de ti misma.

_____

_____

_____

_____

_____

_____

Fecha: ___/___/_____

Día 18

Piensa en tu objetivo de manifestación. ¿Ha cambiado tu visión sobre él? ¿En qué?

_____

_____

_____

_____

_____

_____

_____

Si ha cambiado algo en tu deseo, es momento de dejarlo ir y dar las gracias por lo aprendido, para dejar espacio a las cosas que están alineadas contigo en este momento. Reflexiona qué cosa o cosas están menos alineadas contigo ahora.

_____

_____

_____

_____

_____

_____

_____

Día 19: *Gibosa menguante*

Recorta, dibuja o escribe fragmentos sobre cómo te gustaría verte en el futuro, después de desprenderte de lo que no te sirve, con este nuevo enfoque. La idea es expresarte de forma artística al respecto empleando elementos que ya formen parte de ti y añadiendo otros nuevos.

Día 20

¿Qué consejo fundamental darías a una amiga de lo que has aprendido en este ciclo hasta ahora? Resúmelo en una palabra y, después, explícalo.

_____
_____
_____
_____
_____
_____
_____
_____
_____
_____
_____
_____
_____
_____

Día 21

Dedica unos minutos a analizar cómo te sientes, a expresar tus emociones. Conecta con tu energía. Explícate.

_____

_____

_____

_____

_____

_____

_____

_____

_____

_____

_____

_____

Piensa en alguien (o algo) que esté en tu vida y te haga feliz. Escribe su nombre.

Fecha: ___/___/_____

Día 22: Cuarto menguante

¿Qué comportamientos nocivos has tenido últimamente que no te han dejado avanzar?

_____

_____

_____

_____

_____

_____

_____

¿Cómo crees que podrías dejar de hacerlo? Piensa en un gesto pequeño que haga que te alejes de ese comportamiento. Escribe tu estrategia y ponla en práctica.

_____

_____

_____

_____

_____

_____

_____

_____

Día 23

¿Qué emociones sentiste ayer al analizar tus comportamientos nocivos?

_____
_____
_____
_____
_____
_____
_____
_____
_____

Respira. Imagina que esos comportamientos ya no forman parte de ti. Enciende una vela blanca. Después, registra cómo te sientes.

_____
_____
_____
_____
_____
_____
_____
_____
_____

Fecha: ___/ ___/ _____

Día 24

Desde la luna llena, ¿a qué retos te has enfrentado?

_____
_____
_____
_____
_____
_____
_____
_____
_____

¿Qué has aprendido de ellos?

_____
_____
_____
_____
_____
_____
_____
_____
_____
_____

Día 25

¿Cómo te sientes hoy?

_____
_____
_____
_____
_____
_____
_____
_____
_____

Haz una lista de los motivos por los que estés agradecida y que ya estén en tu vida.

_____   _____
_____   _____
_____   _____
_____   _____
_____   _____
_____   _____
_____   _____
_____   _____
_____   _____

Fecha: ___/___/_____

Día 26: Menguante

Haz una lista de cosas que te gustan, de autocuidados para mimarte.

1. _____
2. _____
3. _____
4. _____
5. _____
6. _____
7. _____
8. _____

Elige un elemento de la lista y hazlo hoy.

¿Cómo te sentías antes de hacerlo?

_____
_____
_____
_____

¿Cómo te sientes después de hacerlo?

_____
_____
_____
_____

Día 27

Hoy vamos a conectar con el subconsciente. Puedes rezar, meditar o usar otra herramienta. Yo te propongo el tarot.* Pregúntate: ¿cómo puedo estar bien, tener abundancia?

Apunta tres ideas que te vengan a la mente encima de cada dibujo del reverso de la carta y luego trata de desarrollarlas.

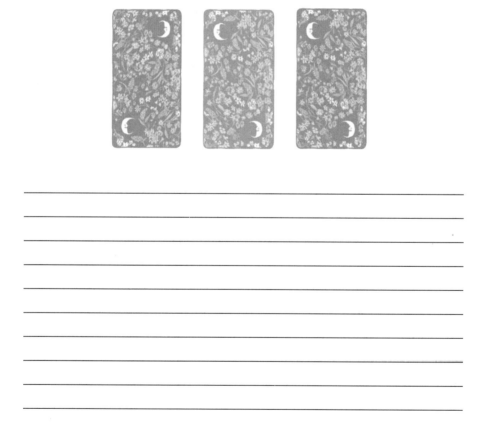

_____
_____
_____
_____
_____
_____
_____
_____
_____
_____

* Si quieres aprender más sobre tarot, te aconsejo mi libro ilustrado *Mágicas*. En este caso, puedes sacar una carta por idea y ver qué mensaje te traen los arcanos.

Fecha: ___/ ___/ _____

Día 28

¿Has sentido qué nuevos deseos han surgido en este ciclo lunar? ¿Cuáles?

_____
_____
_____
_____
_____
_____
_____
_____
_____

¿Qué deseos te gustaría llevarte al ciclo lunar nuevo para seguir trabajando en ellos?

_____
_____
_____
_____
_____
_____
_____
_____
_____

Día 29

Es el día de expresarte con libertad, justo antes de la luna nueva. Descansa, medita, reflexiona… Dispones del siguiente espacio para expresarte a tu aire, ya sea escribiendo, dibujando, garabateando… Sigue tu instinto.

Día 1: Luna nueva

Fíjate en tus metas en los próximos 28 días en conjunto.
¿Qué te gustaría manifestar en este tiempo? Escríbelo en presente, como si ya lo hubieras conseguido.

_____

_____

_____

_____

_____

_____

_____

¿Qué cinco acciones principales puedes seguir para lograrlo?

1. _____
2. _____
3. _____
4. _____
5. _____

¿Cómo vas a premiarte cuando lo consigas?

_____

_____

_____

Fecha: ___/___/_____

Día 2

De las metas que definiste ayer, ¿cuál te parece más importante hoy y por qué?

META MÁS IMPORTANTE

_____

_____

Mi verdadero propósito para este ciclo lunar, por lo tanto, es:

_____

_____

_____

_____

_____

_____

Sintetízalo en una palabra (con letra grande y bonita).

Día 3

¿Cómo sientes tu energía hoy?

Inquieta   *Tranquila*

0 ●●●●●●●●●● 10

Racional   *Emocional*

0 ●●●●●●●●●● 10

Desmotivada   *Motivada*

0 ●●●●●●●●●● 10

Imagina que ya conseguiste tu objetivo. ¿Cómo te sientes al respecto? Sé clara.

_____

_____

_____

_____

_____

_____

_____

_____

_____

Fecha: ___/___/_____

Día 4: Creciente

¿Por qué has elegido precisamente este objetivo para este ciclo lunar?

_____

_____

_____

_____

_____

_____

_____

_____

_____

_____

_____

_____

_____

_____

_____

_____

_____

_____

_____

_____

_____

_____

Día 5

Una vez conseguido y manifestado tu deseo, ¿lo emplearías para ayudar a los demás?

_____

_____

_____

_____

_____

_____

Apunta cinco causas por las que crees que estarías contribuyendo a crear un mundo mejor una vez logrado tu objetivo.

1. _____

2. _____

3. _____

4. _____

5. _____

¿Cuál crees que es más importante?

Fecha: ___/___/_____

Día 6

Hoy es un día para dar gracias. Agradece aquello que ya tengas en la vida, sea grande o pequeño.

_____

_____

_____

_____

_____

_____

_____

_____

Agradece también por lo que quieres manifestar como si ya lo tuvieras, en presente. Descríbelo de la manera más detallada posible.

_____

_____

_____

_____

_____

_____

_____

_____

Día 7

Hoy trataremos de centrar nuestra energía y conectar con nosotras mismas. Se puede hacer de muchas formas (rezando, meditando, usando alguna herramienta…). Yo te propongo el tarot.* Piensa en algo que te bloquee y escribe las respuestas sin darles muchas vueltas y de manera intuitiva.

1. _____
2. _____
3. _____
4. _____
5. _____

Escribe qué crees que significa la información que acabas de anotar. Puedes volver en unos días a revisarlo y sacar nuevas conclusiones.

_____
_____
_____
_____
_____
_____
_____

* Si quieres saber más sobre tarot, en mi libro *Mágicas* encontrarás una guía para iniciarte. Si utilizas esta herramienta, puedes sacar una carta para responder cada pregunta.

Fecha: ___/___/_____

Día 8: Cuarto creciente

¿Cómo sientes tu energía hoy?

1. _____
2. _____
3. _____
4. _____
5. _____

Identifica un obstáculo que te esté impidiendo llegar adonde quieres. Sintetízalo.

¿Qué acción (aunque sea pequeña) podrías tomar para vencer este obstáculo? Escríbela y simplemente actúa.

_____
_____
_____
_____
_____
_____

Día 9

¿Cómo sientes tu energía hoy?

_____
_____
_____
_____

Pensemos en el pequeño paso dado ayer.

¿Cómo te sentías antes de hacerlo?

_____
_____
_____

¿Cómo te sentiste después?

_____
_____
_____

Repite el mismo proceso de ayer con una acción nueva, aunque sea pequeña.

_____
_____
_____

337

Fecha: ___/___/_____

Día 10

Piensa en el pequeño paso de ayer y antes de ayer. Repite el proceso, pero prueba suerte y piensa en algo más fuera de tu zona de confort (por ejemplo, escribe a esa revista que te gusta explicándoles tu proyecto, aunque parezca imposible que te contesten).

¿Cómo te sentías antes de hacerlo?

_____

_____

_____

_____

¿Cómo te sentiste después?

_____

_____

_____

_____

¿Qué diferencia has notado entre un paso pequeño y este, menos apegado a la realidad?

_____

_____

_____

_____

Día 11: *Gibosa creciente*

¿Cómo andas de energía hoy?

Inquieta   Tranquila
0 ●●●●●●●●●● 10

Racional   Emocional
0 ●●●●●●●●●● 10

Desmotivada   Motivada
0 ●●●●●●●●●● 10

Desde que empezaste, ¿ha habido algún cambio en tu energía y tu ánimo?

_____

_____

_____

¿Qué acciones de estos días te han hecho sentir bien?

_____

_____

_____

¿Qué acciones de estos días te han hecho sentir peor o nada en especial?

_____

_____

_____

Fecha: ___/___/_____

Día 12

¿Has notado si alguno de los cambios, acciones o reflexiones ha tenido algún efecto en tu proceso de manifestación?

_____

_____

_____

_____

_____

_____

¿Sientes que en estos días has malgastado tiempo en algún asunto?

_____

_____

_____

_____

¿Qué acción te ha sido más útil y por qué?

_____

_____

_____

_____

Día 13

Estamos casi a la mitad del ciclo lunar. ¿Crees que tu manifestación se está comenzando a cumplir? Rodea la respuesta.

En cualquier caso, ¿por qué crees que es así? Da una respuesta detallada.

_____

_____

_____

_____

_____

_____

_____

_____

_____

_____

_____

_____

_____

_____

Fecha: ___/___/_____

 **Día 14**

Pide a tus personas más cercanas que te digan tres cualidades positivas sobre ti. Haz una lista a continuación.

_____ _____
_____ _____
_____ _____
_____ _____
_____ _____
_____ _____
_____ _____
_____ _____

¿Cuál es la más repetida?

_____
_____

¿Estás de acuerdo? ¿Por qué?

_____
_____
_____
_____

Día 15: Luna llena

Hoy haremos un ritual de luna llena para potenciar que nuestra manifestación se haga realidad. Apunta en un papel amarillo o dorado (y aquí en este recuadro, para que puedas recordarlo si quieres) la síntesis de tu manifestación.

Por la noche, enciende con una cerilla una vela blanca en un lugar con ventilación suficiente y quema el papelito mientras visualizas cómo el humo asciende y tu manifestación se entrega al universo. Luego, cierra los ojos e intenta centrarte en tu respiración, pensando en tu objetivo. ¿Cómo te sientes?

_____

_____

_____

_____

_____

_____

Fecha: ___/___/_____

❧❧❧❧ *Día 16* ❧❧❧❧

¿Mantienes algún sentimiento de rencor, culpa o de otro tipo que sientas que te está frenando? Escribe cómo crees que puedes dar un paso para dejarlo atrás.

_____
_____
_____
_____
_____

¿Qué necesitas perdonar?

_____
_____
_____
_____
_____

¿Qué necesitas perdonarte?

_____
_____
_____
_____

Día 17

¿Cuáles son las cuatro emociones principales que estás sintiendo estos días?

1. _____
2. _____
3. _____
4. _____

¿Qué estás aprendiendo de esas emociones?

_____
_____
_____
_____
_____
_____

Expresa tu agradecimiento por lo que estás aprendiendo de ti misma.

_____
_____
_____
_____
_____
_____

Fecha: ___/___/_____

Día 18

Piensa en tu objetivo de manifestación. ¿Ha cambiado tu visión sobre él? ¿En qué?

_____
_____
_____
_____
_____
_____
_____
_____

Si ha cambiado algo en tu deseo, es momento de dejarlo ir y dar las gracias por lo aprendido, para dejar espacio a las cosas que están alineadas contigo en este momento. Reflexiona qué cosa o cosas están menos alineadas contigo ahora.

_____
_____
_____
_____
_____
_____
_____
_____

Día 19: *Gibosa menguante*

Recorta, dibuja o escribe fragmentos sobre cómo te gustaría verte en el futuro, después de desprenderte de lo que no te sirve, con este nuevo enfoque. La idea es expresarte de forma artística al respecto empleando elementos que ya formen parte de ti y añadiendo otros nuevos.

Día 20

¿Qué consejo fundamental darías a una amiga de lo que has aprendido en este ciclo hasta ahora? Resúmelo en una palabra y, después, explícalo.

_____

_____

_____

_____

_____

_____

_____

_____

_____

_____

_____

_____

_____

_____

_____

_____

Día 21

Dedica unos minutos a analizar cómo te sientes, a expresar tus emociones. Conecta con tu energía. Explícate.

_____

_____

_____

_____

_____

_____

_____

_____

_____

_____

_____

_____

Piensa en alguien (o algo) que esté en tu vida y te haga feliz. Escribe su nombre.

Fecha: ___/___/_____

Día 22: Cuarto menguante

¿Qué comportamientos nocivos has tenido últimamente que no te han dejado avanzar?

_____

_____

_____

_____

_____

_____

_____

_____

¿Cómo crees que podrías dejar de hacerlo? Piensa en un gesto pequeño que haga que te alejes de ese comportamiento. Escribe tu estrategia y ponla en práctica.

_____

_____

_____

_____

_____

_____

_____

_____

Día 23

¿Qué emociones sentiste ayer al analizar tus comportamientos nocivos?

_____

_____

_____

_____

_____

_____

_____

_____

_____

Respira. Imagina que esos comportamientos ya no forman parte de ti. Enciende una vela blanca. Después, registra cómo te sientes.

_____

_____

_____

_____

_____

_____

_____

_____

Fecha: ___/___/_____

Día 24

Desde la luna llena, ¿a qué retos te has enfrentado?

_____
_____
_____
_____
_____
_____
_____
_____
_____

¿Qué has aprendido de ellos?

_____
_____
_____
_____
_____
_____
_____
_____
_____
_____
_____

Día 25

¿Cómo te sientes hoy?

_____

_____

_____

_____

_____

_____

_____

_____

Haz una lista de los motivos por los que estés agradecida y que ya estén en tu vida.

_____   _____

_____   _____

_____   _____

_____   _____

_____   _____

_____   _____

_____   _____

_____   _____

Día 26: Menguante

Haz una lista de cosas que te gustan, de autocuidados para mimarte.

1. _____
2. _____
3. _____
4. _____
5. _____
6. _____
7. _____
8. _____

Elige un elemento de la lista y hazlo hoy.

¿Cómo te sentías antes de hacerlo?

_____
_____
_____
_____

¿Cómo te sientes después de hacerlo?

_____
_____
_____
_____

Día 27

Hoy vamos a conectar con el subconsciente. Puedes rezar, meditar o usar otra herramienta. Yo te propongo el tarot.* Pregúntate: ¿cómo puedo estar bien, tener abundancia?

Apunta tres ideas que te vengan a la mente encima de cada dibujo del reverso de la carta y luego trata de desarrollarlas.

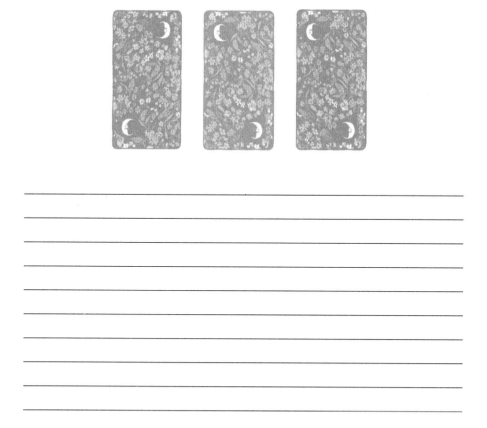

_____

_____

_____

_____

_____

_____

_____

_____

_____

_____

* Si quieres aprender más sobre tarot, te aconsejo mi libro ilustrado *Mágicas*. En este caso, puedes sacar una carta por idea y ver qué mensaje te traen los arcanos.

Fecha: ___/___/_____

Día 28

¿Has sentido qué nuevos deseos han surgido en este ciclo lunar? ¿Cuáles?

_____

_____

_____

_____

_____

_____

_____

_____

¿Qué deseos te gustaría llevarte al ciclo lunar nuevo para seguir trabajando en ellos?

_____

_____

_____

_____

_____

_____

_____

_____

Día 29

Es el día de expresarte con libertad, justo antes de la luna nueva. Descansa, medita, reflexiona… Dispones del siguiente espacio para expresarte a tu aire, ya sea escribiendo, dibujando, garabateando… Sigue tu instinto.

Día 1: Luna nueva

Fíjate en tus metas en los próximos 28 días en conjunto.
¿Qué te gustaría manifestar en este tiempo? Escríbelo en presente, como si ya lo hubieras conseguido.

_____

_____

_____

_____

_____

_____

_____

¿Qué cinco acciones principales puedes seguir para lograrlo?

1. _____

2. _____

3. _____

4. _____

5. _____

¿Cómo vas a premiarte cuando lo consigas?

_____

_____

_____

Fecha: ___/___/_____

Día 2

De las metas que definiste ayer, ¿cuál te parece más importante hoy y por qué?

META MÁS IMPORTANTE

_____

_____

Mi verdadero propósito para este ciclo lunar, por lo tanto, es:

_____

_____

_____

_____

_____

_____

Sintetízalo en una palabra (con letra grande y bonita).

Día 3

¿Cómo sientes tu energía hoy?

Inquieta   *Tranquila*

0 ●●●●●●●●●●● 10

Racional   *Emocional*

0 ●●●●●●●●●●● 10

Desmotivada   *Motivada*

0 ●●●●●●●●●●● 10

Imagina que ya conseguiste tu objetivo. ¿Cómo te sientes al respecto? Sé clara.

_____

_____

_____

_____

_____

_____

_____

_____

Fecha: ___/___/_____

Día 4: Creciente

¿Por qué has elegido precisamente este objetivo para este ciclo lunar?

_____

_____

_____

_____

_____

_____

_____

_____

_____

_____

_____

_____

_____

_____

_____

_____

_____

_____

_____

_____

_____

_____

Día 5

Una vez conseguido y manifestado tu deseo, ¿lo emplearías para ayudar a los demás?

_____

_____

_____

_____

_____

_____

Apunta cinco causas por las que crees que estarías contribuyendo a crear un mundo mejor una vez logrado tu objetivo.

1. _____
2. _____
3. _____
4. _____
5. _____

¿Cuál crees que es más importante?

Fecha: ___/___/_____

Día 6

Hoy es un día para dar gracias. Agradece aquello que ya tengas en la vida, sea grande o pequeño.

_____
_____
_____
_____
_____
_____
_____
_____
_____

Agradece también por lo que quieres manifestar como si ya lo tuvieras, en presente. Descríbelo de la manera más detallada posible.

_____
_____
_____
_____
_____
_____
_____
_____
_____
_____

Día 7

Hoy trataremos de centrar nuestra energía y conectar con nosotras mismas. Se puede hacer de muchas formas (rezando, meditando, usando alguna herramienta…). Yo te propongo el tarot.* Piensa en algo que te bloquee y escribe las respuestas sin darles muchas vueltas y de manera intuitiva.

1. _____
2. _____
3. _____
4. _____
5. _____

Escribe qué crees que significa la información que acabas de anotar. Puedes volver en unos días a revisarlo y sacar nuevas conclusiones.

_____
_____
_____
_____
_____
_____
_____

* Si quieres saber más sobre tarot, en mi libro *Mágicas* encontrarás una guía para iniciarte. Si utilizas esta herramienta, puedes sacar una carta para responder cada pregunta.

Fecha: ___/ ___/ _____

Día 8: Cuarto creciente

¿Cómo sientes tu energía hoy?

1. _____
2. _____
3. _____
4. _____
5. _____

Identifica un obstáculo que te esté impidiendo llegar adonde quieres. Sintetízalo.

¿Qué acción (aunque sea pequeña) podrías tomar para vencer este obstáculo? Escríbela y simplemente actúa.

_____
_____
_____
_____
_____
_____

Día 9

¿Cómo sientes tu energía hoy?

_____

_____

_____

_____

Pensemos en el pequeño paso dado ayer.

¿Cómo te sentías antes de hacerlo?

_____

_____

_____

¿Cómo te sentiste después?

_____

_____

_____

Repite el mismo proceso de ayer con una acción nueva, aunque sea pequeña.

_____

_____

_____

Fecha: ___/___/_____

Día 10

Piensa en el pequeño paso de ayer y antes de ayer. Repite el proceso, pero prueba suerte y piensa en algo más fuera de tu zona de confort (por ejemplo, escribe a esa revista que te gusta explicándoles tu proyecto, aunque parezca imposible que te contesten).

¿Cómo te sentías antes de hacerlo?

_____

_____

_____

_____

¿Cómo te sentiste después?

_____

_____

_____

_____

¿Qué diferencia has notado entre un paso pequeño y este, menos apegado a la realidad?

_____

_____

_____

_____

Día 11: Gibosa creciente

¿Cómo andas de energía hoy?

Inquieta   *Tranquila*

0 ●●●●●●●●●●● 10

Racional   *Emocional*

0 ●●●●●●●●●●● 10

Desmotivada   *Motivada*

0 ●●●●●●●●●●● 10

Desde que empezaste, ¿ha habido algún cambio en tu energía y tu ánimo?

_____

_____

_____

¿Qué acciones de estos días te han hecho sentir bien?

_____

_____

_____

¿Qué acciones de estos días te han hecho sentir peor o nada en especial?

_____

_____

_____

Fecha: ___/___/_____

Día 12

¿Has notado si alguno de los cambios, acciones o reflexiones ha tenido algún efecto en tu proceso de manifestación?

_____

_____

_____

_____

_____

_____

¿Sientes que en estos días has malgastado tiempo en algún asunto?

_____

_____

_____

_____

¿Qué acción te ha sido más útil y por qué?

_____

_____

_____

_____

Estamos casi a la mitad del ciclo lunar. ¿Crees que tu manifestación se está comenzando a cumplir? Rodea la respuesta.

En cualquier caso, ¿por qué crees que es así? Da una respuesta detallada.

_____
_____
_____
_____
_____
_____
_____
_____
_____
_____
_____
_____
_____
_____

Fecha: ___/___/_____

 **Día 14**

Pide a tus personas más cercanas que te digan tres cualidades positivas sobre ti. Haz una lista a continuación.

_____   _____
_____   _____
_____   _____
_____   _____
_____   _____
_____   _____
_____   _____
_____   _____

¿Cuál es la más repetida?

_____
_____

¿Estás de acuerdo? ¿Por qué?

_____
_____
_____
_____

Día 15: Luna llena

Hoy haremos un ritual de luna llena para potenciar que nuestra manifestación se haga realidad. Apunta en un papel amarillo o dorado (y aquí en este recuadro, para que puedas recordarlo si quieres) la síntesis de tu manifestación.

Por la noche, enciende con una cerilla una vela blanca en un lugar con ventilación suficiente y quema el papelito mientras visualizas cómo el humo asciende y tu manifestación se entrega al universo. Luego, cierra los ojos e intenta centrarte en tu respiración, pensando en tu objetivo. ¿Cómo te sientes?

_____

_____

_____

_____

_____

_____

Fecha: ___/___/_____

✤ *Día 16* ✤

¿Mantienes algún sentimiento de rencor, culpa o de otro tipo que sientas que te está frenando? Escribe cómo crees que puedes dar un paso para dejarlo atrás.

_____
_____
_____
_____
_____

¿Qué necesitas perdonar?

_____
_____
_____
_____
_____

¿Qué necesitas perdonarte?

_____
_____
_____
_____
_____

Día 17

¿Cuáles son las cuatro emociones principales que estás sintiendo estos días?

1. _____
2. _____
3. _____
4. _____

¿Qué estás aprendiendo de esas emociones?

_____
_____
_____
_____
_____
_____

Expresa tu agradecimiento por lo que estás aprendiendo de ti misma.

_____
_____
_____
_____
_____
_____

Fecha: ___/___/_____

Día 18

Piensa en tu objetivo de manifestación. ¿Ha cambiado tu visión sobre él? ¿En qué?

_____

_____

_____

_____

_____

_____

_____

_____

Si ha cambiado algo en tu deseo, es momento de dejarlo ir y dar las gracias por lo aprendido, para dejar espacio a las cosas que están alineadas contigo en este momento. Reflexiona qué cosa o cosas están menos alineadas contigo ahora.

_____

_____

_____

_____

_____

_____

_____

_____

Día 19: *Gibosa menguante*

Recorta, dibuja o escribe fragmentos sobre cómo te gustaría verte en el futuro, después de desprenderte de lo que no te sirve, con este nuevo enfoque. La idea es expresarte de forma artística al respecto empleando elementos que ya formen parte de ti y añadiendo otros nuevos.

Fecha: ___/ ___/ _____

Día 20

¿Qué consejo fundamental darías a una amiga de lo que has aprendido en este ciclo hasta ahora? Resúmelo en una palabra y, después, explícalo.

_____

_____

_____

_____

_____

_____

_____

_____

_____

_____

_____

_____

_____

_____

Día 21

Dedica unos minutos a analizar cómo te sientes, a expresar tus emociones. Conecta con tu energía. Explícate.

_____

_____

_____

_____

_____

_____

_____

_____

_____

_____

_____

_____

Piensa en alguien (o algo) que esté en tu vida y te haga feliz. Escribe su nombre.

Fecha: ___/___/_____

Día 22: Cuarto menguante

¿Qué comportamientos nocivos has tenido últimamente que no te han dejado avanzar?

_____

_____

_____

_____

_____

_____

_____

_____

¿Cómo crees que podrías dejar de hacerlo? Piensa en un gesto pequeño que haga que te alejes de ese comportamiento. Escribe tu estrategia y ponla en práctica.

_____

_____

_____

_____

_____

_____

_____

_____

Fecha: ___/___/_____

Día 23

¿Qué emociones sentiste ayer al analizar tus comportamientos nocivos?

_____
_____
_____
_____
_____
_____
_____
_____
_____

Respira. Imagina que esos comportamientos ya no forman parte de ti. Enciende una vela blanca. Después, registra cómo te sientes.

_____
_____
_____
_____
_____
_____
_____
_____

Fecha: ___/___/_____

Día 24

Desde la luna llena, ¿a qué retos te has enfrentado?

_____
_____
_____
_____
_____
_____
_____
_____
_____

¿Qué has aprendido de ellos?

_____
_____
_____
_____
_____
_____
_____
_____
_____
_____

Día 25

¿Cómo te sientes hoy?

_____
_____
_____
_____
_____
_____
_____
_____
_____
_____

Haz una lista de los motivos por los que estés agradecida y que ya estén en tu vida.

_____   _____
_____   _____
_____   _____
_____   _____
_____   _____
_____   _____
_____   _____
_____   _____
_____   _____

Fecha: __/__/_____

Día 26: Menguante

Haz una lista de cosas que te gustan, de autocuidados para mimarte.

1. _____
2. _____
3. _____
4. _____
5. _____
6. _____
7. _____
8. _____

Elige un elemento de la lista y hazlo hoy.

¿Cómo te sentías antes de hacerlo?

_____
_____
_____
_____

¿Cómo te sientes después de hacerlo?

_____
_____
_____
_____

Día 27

Hoy vamos a conectar con el subconsciente. Puedes rezar, meditar o usar otra herramienta. Yo te propongo el tarot.* Pregúntate: ¿cómo puedo estar bien, tener abundancia?

Apunta tres ideas que te vengan a la mente encima de cada dibujo del reverso de la carta y luego trata de desarrollarlas.

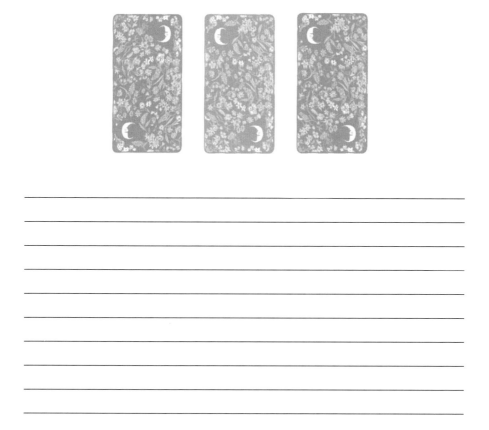

_____

_____

_____

_____

_____

_____

_____

_____

_____

_____

* Si quieres aprender más sobre tarot, te aconsejo mi libro ilustrado *Mágicas*. En este caso, puedes sacar una carta por idea y ver qué mensaje te traen los arcanos.

Fecha: ___/ ___/ _____

Día 28

¿Has sentido qué nuevos deseos han surgido en este ciclo lunar? ¿Cuáles?

_____

_____

_____

_____

_____

_____

_____

_____

_____

¿Qué deseos te gustaría llevarte al ciclo lunar nuevo para seguir trabajando en ellos?

_____

_____

_____

_____

_____

_____

_____

Día 29

Es el día de expresarte con libertad, justo antes de la luna nueva. Descansa, medita, reflexiona… Dispones del siguiente espacio para expresarte a tu aire, ya sea escribiendo, dibujando, garabateando… Sigue tu instinto.

Día 1: Luna nueva

Fíjate en tus metas en los próximos 28 días en conjunto.
¿Qué te gustaría manifestar en este tiempo? Escríbelo en presente, como si ya lo hubieras conseguido.

_____

_____

_____

_____

_____

_____

_____

¿Qué cinco acciones principales puedes seguir para lograrlo?

1. _____

2. _____

3. _____

4. _____

5. _____

¿Cómo vas a premiarte cuando lo consigas?

_____

_____

_____

Fecha: ___/___/_____

Día 2

De las metas que definiste ayer, ¿cuál te parece más importante hoy y por qué?

META MÁS IMPORTANTE

_____

_____

Mi verdadero propósito para este ciclo lunar, por lo tanto, es:

_____

_____

_____

_____

_____

_____

Sintetízalo en una palabra (con letra grande y bonita).

Día 3

¿Cómo sientes tu energía hoy?

Inquieta   *Tranquila*

0 ⚫⚫⚫⚫⚫⚫⚫⚫⚫⚫⚫ 10

Racional   *Emocional*

0 ⚫⚫⚫⚫⚫⚫⚫⚫⚫⚫⚫ 10

Desmotivada   *Motivada*

0 ⚫⚫⚫⚫⚫⚫⚫⚫⚫⚫⚫ 10

Imagina que ya conseguiste tu objetivo. ¿Cómo te sientes al respecto? Sé clara.

_____

_____

_____

_____

_____

_____

_____

_____

_____

Fecha: ___/___/_____

Día 4: Creciente

¿Por qué has elegido precisamente este objetivo para este ciclo lunar?

_____

_____

_____

_____

_____

_____

_____

_____

_____

_____

_____

_____

_____

_____

_____

_____

_____

_____

_____

_____

_____

_____

_____

_____

_____

Día 5

Una vez conseguido y manifestado tu deseo, ¿lo emplearías para ayudar a los demás?

_____

_____

_____

_____

_____

_____

Apunta cinco causas por las que crees que estarías contribuyendo a crear un mundo mejor una vez logrado tu objetivo.

1. _____
2. _____
3. _____
4. _____
5. _____

¿Cuál crees que es más importante?

Fecha: ___/___/_____

Día 6

Hoy es un día para dar gracias. Agradece aquello que ya tengas en la vida, sea grande o pequeño.

_____

_____

_____

_____

_____

_____

_____

_____

_____

Agradece también por lo que quieres manifestar como si ya lo tuvieras, en presente. Descríbelo de la manera más detallada posible.

_____

_____

_____

_____

_____

_____

_____

_____

_____

_____

_____

Día 7

Hoy trataremos de centrar nuestra energía y conectar con nosotras mismas. Se puede hacer de muchas formas (rezando, meditando, usando alguna herramienta…). Yo te propongo el tarot.* Piensa en algo que te bloquee y escribe las respuestas sin darles muchas vueltas y de manera intuitiva.

1. _____
2. _____
3. _____
4. _____
5. _____

Escribe qué crees que significa la información que acabas de anotar. Puedes volver en unos días a revisarlo y sacar nuevas conclusiones.

_____
_____
_____
_____
_____
_____
_____
_____

* Si quieres saber más sobre tarot, en mi libro *Mágicas* encontrarás una guía para iniciarte. Si utilizas esta herramienta, puedes sacar una carta para responder cada pregunta.

Fecha: ___/___/_____

Día 8: Cuarto creciente

¿Cómo sientes tu energía hoy?

1. _____
2. _____
3. _____
4. _____
5. _____

Identifica un obstáculo que te esté impidiendo llegar adonde quieres. Sintetízalo.

¿Qué acción (aunque sea pequeña) podrías tomar para vencer este obstáculo? Escríbela y simplemente actúa.

_____
_____
_____
_____
_____
_____

Día 9

¿Cómo sientes tu energía hoy?

_____

_____

_____

_____

Pensemos en el pequeño paso dado ayer.

¿Cómo te sentías antes de hacerlo?

_____

_____

_____

¿Cómo te sentiste después?

_____

_____

_____

Repite el mismo proceso de ayer con una acción nueva, aunque sea pequeña.

_____

_____

_____

Fecha: ___/___/_____

Día 10

Piensa en el pequeño paso de ayer y antes de ayer. Repite el proceso, pero prueba suerte y piensa en algo más fuera de tu zona de confort (por ejemplo, escribe a esa revista que te gusta explicándoles tu proyecto, aunque parezca imposible que te contesten).

¿Cómo te sentías antes de hacerlo?

_____

_____

_____

_____

¿Cómo te sentiste después?

_____

_____

_____

_____

¿Qué diferencia has notado entre un paso pequeño y este, menos apegado a la realidad?

_____

_____

_____

_____

Día 11: *Gibosa creciente*

¿Cómo andas de energía hoy?

Inquieta   Tranquila

0 ●●●●●●●●●●● 10

Racional   Emocional

0 ●●●●●●●●●●● 10

Desmotivada   Motivada

0 ●●●●●●●●●●● 10

Desde que empezaste, ¿ha habido algún cambio en tu energía y tu ánimo?

_____

_____

_____

¿Qué acciones de estos días te han hecho sentir bien?

_____

_____

_____

¿Qué acciones de estos días te han hecho sentir peor o nada en especial?

_____

_____

_____

Fecha: ___/___/_____

Día 12

¿Has notado si alguno de los cambios, acciones o reflexiones ha tenido algún efecto en tu proceso de manifestación?

_____
_____
_____
_____
_____
_____

¿Sientes que en estos días has malgastado tiempo en algún asunto?

_____
_____
_____
_____

¿Qué acción te ha sido más útil y por qué?

_____
_____
_____
_____

Fecha: ___/ ___/ _____

Día 13

Estamos casi a la mitad del ciclo lunar. ¿Crees que tu manifestación se está comenzando a cumplir? Rodea la respuesta.

 Sí   No

En cualquier caso, ¿por qué crees que es así? Da una respuesta detallada.

_____
_____
_____
_____
_____
_____
_____
_____
_____
_____
_____
_____
_____
_____

Fecha: ___ / ___ / _____

 **Día 14**

Pide a tus personas más cercanas que te digan tres cualidades positivas sobre ti. Haz una lista a continuación.

_____   _____
_____   _____
_____   _____
_____   _____
_____   _____
_____   _____
_____   _____
_____   _____

¿Cuál es la más repetida?

_____
_____

¿Estás de acuerdo? ¿Por qué?

_____
_____
_____
_____

Día 15: Luna llena

Hoy haremos un ritual de luna llena para potenciar que nuestra manifestación se haga realidad. Apunta en un papel amarillo o dorado (y aquí en este recuadro, para que puedas recordarlo si quieres) la síntesis de tu manifestación.

Por la noche, enciende con una cerilla una vela blanca en un lugar con ventilación suficiente y quema el papelito mientras visualizas cómo el humo asciende y tu manifestación se entrega al universo. Luego, cierra los ojos e intenta centrarte en tu respiración, pensando en tu objetivo. ¿Cómo te sientes?

_____

_____

_____

_____

_____

_____

Fecha: ___/___/_____

❧ *Día 16* ❧

¿Mantienes algún sentimiento de rencor, culpa o de otro tipo que sientas que te está frenando? Escribe cómo crees que puedes dar un paso para dejarlo atrás.

_____

_____

_____

_____

_____

¿Qué necesitas perdonar?

_____

_____

_____

_____

_____

¿Qué necesitas perdonarte?

_____

_____

_____

_____

Día 17

¿Cuáles son las cuatro emociones principales que estás sintiendo estos días?

1. _____
2. _____
3. _____
4. _____

¿Qué estás aprendiendo de esas emociones?

_____
_____
_____
_____
_____
_____

Expresa tu agradecimiento por lo que estás aprendiendo de ti misma.

_____
_____
_____
_____
_____
_____

Fecha: ___/ ___/ _____

Día 18

Piensa en tu objetivo de manifestación. ¿Ha cambiado tu visión sobre
él? ¿En qué?

_____

_____

_____

_____

_____

_____

_____

Si ha cambiado algo en tu deseo, es momento de dejarlo ir y dar las
gracias por lo aprendido, para dejar espacio a las cosas que están alineadas contigo en este momento. Reflexiona qué cosa o cosas están menos
alineadas contigo ahora.

_____

_____

_____

_____

_____

_____

_____

Día 19: *Gibosa menguante*

Recorta, dibuja o escribe fragmentos sobre cómo te gustaría verte en el futuro, después de desprenderte de lo que no te sirve, con este nuevo enfoque. La idea es expresarte de forma artística al respecto empleando elementos que ya formen parte de ti y añadiendo otros nuevos.

Día 20

¿Qué consejo fundamental darías a una amiga de lo que has aprendido en este ciclo hasta ahora? Resúmelo en una palabra y, después, explícalo.

_____

_____

_____

_____

_____

_____

_____

_____

_____

_____

_____

_____

_____

_____

Día 21

Dedica unos minutos a analizar cómo te sientes, a expresar tus emociones. Conecta con tu energía. Explícate.

_____

_____

_____

_____

_____

_____

_____

_____

_____

_____

_____

_____

Piensa en alguien (o algo) que esté en tu vida y te haga feliz. Escribe su nombre.

Fecha: ___/ ___/ _____

Día 22: Cuarto menguante

¿Qué comportamientos nocivos has tenido últimamente que no te han dejado avanzar?

_____

_____

_____

_____

_____

_____

_____

_____

¿Cómo crees que podrías dejar de hacerlo? Piensa en un gesto pequeño que haga que te alejes de ese comportamiento. Escribe tu estrategia y ponla en práctica.

_____

_____

_____

_____

_____

_____

_____

_____

Día 23

¿Qué emociones sentiste ayer al analizar tus comportamientos nocivos?

_____

_____

_____

_____

_____

_____

_____

_____

Respira. Imagina que esos comportamientos ya no forman parte de ti. Enciende una vela blanca. Después, registra cómo te sientes.

_____

_____

_____

_____

_____

_____

_____

_____

Fecha: ___/___/_____

Día 24

Desde la luna llena, ¿a qué retos te has enfrentado?

_____

_____

_____

_____

_____

_____

_____

_____

_____

¿Qué has aprendido de ellos?

_____

_____

_____

_____

_____

_____

_____

_____

_____

_____

Día 25

¿Cómo te sientes hoy?

_____
_____
_____
_____
_____
_____
_____
_____
_____

Haz una lista de los motivos por los que estés agradecida y que ya estén en tu vida.

_____ _____
_____ _____
_____ _____
_____ _____
_____ _____
_____ _____
_____ _____
_____ _____
_____ _____

413

Fecha: ___/___/_____

Día 26: Menguante

Haz una lista de cosas que te gustan, de autocuidados para mimarte.

1. _____
2. _____
3. _____
4. _____
5. _____
6. _____
7. _____
8. _____

Elige un elemento de la lista y hazlo hoy.

¿Cómo te sentías antes de hacerlo?

_____
_____
_____
_____

¿Cómo te sientes después de hacerlo?

_____
_____
_____
_____

Día 27

Hoy vamos a conectar con el subconsciente. Puedes rezar, meditar o usar otra herramienta. Yo te propongo el tarot.* Pregúntate: ¿cómo puedo estar bien, tener abundancia?

Apunta tres ideas que te vengan a la mente encima de cada dibujo del reverso de la carta y luego trata de desarrollarlas.

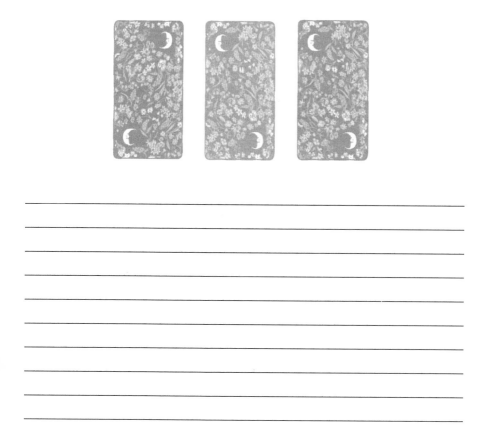

_____

_____

_____

_____

_____

_____

_____

_____

_____

_____

_____

* Si quieres aprender más sobre tarot, te aconsejo mi libro ilustrado *Mágicas*. En este caso, puedes sacar una carta por idea y ver qué mensaje te traen los arcanos.

Fecha: ___/___/_____

Día 28

¿Has sentido qué nuevos deseos han surgido en este ciclo lunar? ¿Cuáles?

_____

_____

_____

_____

_____

_____

_____

_____

_____

¿Qué deseos te gustaría llevarte al ciclo lunar nuevo para seguir trabajando en ellos?

_____

_____

_____

_____

_____

_____

_____

_____

Día 29

Es el día de expresarte con libertad, justo antes de la luna nueva. Descansa, medita, reflexiona… Dispones del siguiente espacio para expresarte a tu aire, ya sea escribiendo, dibujando, garabateando… Sigue tu instinto.

«El mundo está
lleno de cosas
mágicas,
esperando
pacientemente
a que nuestros
sentidos
se agudicen».

W. B. Yeats

4
Otras herramientas

En las próximas páginas encontrarás otros recursos que quizá te sean de ayuda en tu proceso de manifestación. Son varias herramientas sencillas pero muy efectivas que te pueden servir de apoyo o complemento cuando lo creas necesario. No significa que debas incorporarlas todas a la vez ni en la misma situación, ya que algunas requieren seguimiento por escrito y otras son pautas y consejos generales que puedes tener en cuenta.

Visualización

Visualizar se trata de una técnica para
sentir que tus manifestaciones ya son algo que está
pasando en tu vida y, por tanto, hacer que
estas se cumplan. El momento óptimo para
visualizar es en luna llena.
Se puede visualizar de varias formas. Una de mis
favoritas consiste en un método para «dejar ir»
emociones negativas como el rencor
o la ira.

Consejos de manifestación

- ⤫ Actúa como si realmente ya tuvieras lo que quieres manifestar, siendo consciente de tu actitud y de lo que proyectas en los demás.

- ⤫ Déjate fluir y trata de no sobrepensar las cosas.

- ⤫ Disfruta de los pequeños momentos de felicidad, como un paseo en un día soleado o una conversación con un amigo.

- ⤫ Escribe, utiliza este cuaderno, documenta cómo te sientes.

- ⤫ Ten fe en que todo se cumplirá.

- ⤫ Trata de no estancarte y en seguir avanzando siempre.

- ⤫ No rechaces tus emociones, siéntelas y acéptalas. No podemos estar felices todo el tiempo.

- ⤫ Sueña a lo grande, no tengas miedo de querer cosas que ahora te parecen impensables.

- ⤫ Cultiva el perdón a ti misma y a los demás (pero no dejes que personas que te hacen daño drenen tu energía; perdona y sigue tu camino).

- ⤫ Cree de verdad que tus manifestaciones van a obtener frutos.

- ⤫ Muévete con energía, canta, salta y ejercita el cuerpo, aunque sean cinco minutos al día (dentro de tus posibilidades).

- ⤫ Alinéate con la persona que quieres ser, tu yo del futuro, tu mejor versión. Pídele consejo.

- Di lo bueno que veas en los demás (por ejemplo: «Qué bonita chaqueta llevas hoy»).

- Sé consciente de cómo te sientes, analízate.

- Toma tiempo para autocuidarte.

- Confía en el universo.

- Haz cosas que te llenen de energía cuando te sientas agotada (un paseo, escuchar música, descansar). Escucha a tu cuerpo.

- Reflexiona, practica la introspección.

- Eleva tu vibración (esto quiere decir, entre otras cosas, que no te dejes afectar por las personas que siempre buscan conflicto; sitúate en un plano superior a ellos).

- Protege tu energía. Imagínate en una burbuja dorada impermeable si tienes que estar en un sitio donde no te sientes querido ni aceptado y no te es posible salir de allí en ese momento.

- Busca oportunidades a tu alrededor.

- Escribe tus intenciones.

- Agradece lo que tienes esperando alcanzar lo que quieres. Si no agradeces, vibras en un estado de carencia y es más difícil que te pasen cosas buenas.

- Confía en ti misma, brilla.

- Escríbelo todo, revisa tus manifestaciones, haz balance.

Rituales

Ritual del Fuego

Se trata de un ritual perfecto para la luna nueva, especialmente en las que coinciden en signo de fuego (Sagitario, Leo y Aries).

Necesitarás:
— Recipiente resistente al fuego (como un calderito)
— Papel
— Bolígrafo
— Cerillas
  Incienso y carbón de encender

Procedimiento:
En un lugar ventilado, preferiblemente en el exterior, prende diferentes plantas que te gusten o inciensos en el caldero y escribe tus manifestaciones en el papel. Respira hondo y trata de conectar con tu interior, sintiendo que ya tienes aquello que has escrito. Quema el papel y observa cómo el humo asciende a la vez que sientes cómo entregas esos deseos al cosmos. Cuando termines, puedes enterrar los restos en una maceta o en el jardín.

Ritual del Agua

La luna nueva también es una buena ocasión para realizarlo, sobre todo cuando coincida en signo de agua (Piscis, Escorpio y Cáncer).

Necesitarás:
— Vaso
— Agua
— Bolígrafo
— Este diario de manifestación

Procedimiento:
Llena el vaso de agua. Escribe en tu diario y en presente los deseos que quieres manifestar. Pon tus manos sobre el agua y lee tus manifestaciones en voz alta, concentrándote en sentir que ya lo tienes, que estás en esa etapa donde ya lo has conseguido. Hazlo con calma y consciencia. Una vez que consigas interiorizarlo, bébete el agua.

Ritual para dejar ir

Pasos que hay que seguir:
1. Respira hondo.
2. Piensa en aquella persona que te ha ofendido, anota su nombre en un papel y, a continuación, escríbele una carta de despedida explicando abiertamente lo que sientes y por qué lo quieres dejar atrás (pero ¡no se la envíes!).
3. Destruye la carta y entiérrala lejos de tu casa junto con algún objeto que te recuerde a esa persona.

Eleva tu vibración

Recurre a este espacio con elementos
que te hacen sentir bien cuando lo necesites.

Tu canción favorita:

La comida favorita de tu casa:

Un olor que te recuerde a tu infancia:

Un recuerdo que te siga haciendo gracia cada vez que lo piensas:

Una virtud que valores de ti misma:

Algo que siempre es un buen plan:

Autocuidados

Apunta actividades que crees que pueden
ayudarte en los momentos en los que
necesitas cuidarte.

Descanso o relax

Compañía

Expresarme

Salud o espiritualidad

Mis 11 afirmaciones

Escribe cosas buenas sobre ti que te hagan sentir

1. Soy…

_____

2. Soy…

_____

3. Soy…

_____

4. Soy…

_____

5. Soy…

_____

6. Soy…

_____

7. Soy…

_____

8. Soy…

_____

9. Soy…

_____

10. Soy…

_____

11. Soy…

_____

Coloréame

Carta al universo

En esta carta debes dejar ir lo que te limita, agradecer lo que tienes y pedir al universo lo que deseas. Es bueno hacerlo a final de año, aunque puedes escribirla cuando quieras.

En _____, a _____

Carlota Santos (@carlotydes) es arquitecta e ilustradora. En 2020 comenzó a compartir en su cuenta de Instagram sus dibujos junto con sus conocimientos y sensibilidad personal sobre temas como la astrología, el tarot y la magia. Su primer libro, *Constelaciones*, ha sido un éxito absoluto en España y cuenta ya con varias ediciones. Además, se ha traducido al inglés y, próximamente, aparecerá en francés, italiano, portugués, turco y alemán. *Mágicas*, su segundo libro, también será publicado en Estados Unidos.